Franz Grillparzer
und sein dramatisches Werk

von

Armin Gebhardt

Tectum Verlag
Marburg 2002

Die Deutsche Bibliothek - CIP-Einheitsaufnahme

Gebhardt, Armin:
Franz Grillparzer und sein dramatisches Werk
/ von Armin Gebhardt
- Marburg : Tectum Verlag, 2002
ISBN 978-3-8288-8352-9

© Tectum Verlag

Tectum Verlag
Marburg 2002

Inhaltsverzeichnis

I. KURZER BIOGRAPHISCHER ABRISS 5
1. 1791 - 1817 5
2. 1817 - 1838 5
3. 1838 - 1872 6

II. NICHTDRAMATISCHES SCHAFFEN 7
1. Kurzgefasste Einsichten und Erkenntnisse, Notizen und Aphorismen. 7
2. Lyrik. 10
3. Epigramm und Satiren. 15
4. Die beiden Erzählungen. 21

III. DRAMATISCHES SCHAFFEN **27**
A) KLASSIZISTISCHE DRAMEN 34
   1. Sappho. 34
   2. Das Goldene Vlies. 43
   3. Des Meeres und der Liebe Wellen. 55
B) DIE VATERLÄNDISCHEN DRAMEN 67
   1. König Ottokars Glück und Ende. 68
   2. Ein treuer Diener seines Herrn. 79
   3. Libussa. 85
   4. Ein Bruderzwist in Habsburg. 90
C) SONSTIGE DRAMEN 101
   1. Die Ahnfrau. 101
   2. Der Traum ein Leben. 105
   3. Weh dem, der lügt! 109
   4. Die Jüdin von Toledo. 114
   4. Esther. 123

IV. ZUSAMMENFASSUNG **129**

4

I. KURZER BIOGRAPHISCHER ABRISS

1. 1791 - 1817

Franz Grillparzer kam als erster von vier Söhnen des Advokaten Wenzel Grillparzer und der Marianne, geborenen Sonnleithner, 1791 in Wien zur Welt. Wohl auch infolge kriegsbedingten Vermögensverlustes seelisch erschüttert starb der Vater bereits 1809. Einer der Brüder endete 1817, die Mutter 1818 durch Selbsttötung.

Nach dem Gymnasialbesuch bis 1807 betrieb Grillparzer erst philosophische, später Rechtsstudien an der Universität Wien. Nach kürzerer Hofmeistertätigkeit arbeitete er 1813 als Praktikant in der Hofbibliothek, danach bis 1815 im Zolldienst. Von seinem Lohneinkommen musste er zeitweise seine vaterlose Familie unterhalten.

Neben ersten lyrischen und novellistischen Versuchen fertigte Grillparzer eine Reihe von dramatischen Entwürfen. Nicht zuletzt infolge der fördernden Vermittlung des Dramaturgen Josef Schreyvogel erlebte Grillparzers Schicksalstragödie „Die Ahnfrau" im Jahre 1817 ihre sehr erfolgreiche Uraufführung im "Theater an der Wien". Auch auf anderen Bühnen des deutschen Sprachraumes wurde das Stück nachgespielt. Über Nacht wuchs dem Autor beachtlicher Ruhm zu.

2. 1817 - 1838

Infolge Förderung seitens des Grillparzer wohlgesonnenen Finanzministers Grafen Stadion wird der immer namhafter werdende Dichter 1821 zum Hofkonzipisten, 1831 schließlich zum Direktor des Hofkammerarchivs ernannt. Versuche, die Stelle eines Ersten Kustos der Universitätsbibliothek zu erlangen, schlagen fehl.

Die sich verbessernde finanzielle Lage ermöglicht es Grillparzer, Reisen zu unternehmen: 1819 nach Italien (Triest, Venedig, Rom, Neapel, Florenz); 1826 in deutsche Lande (Prag, Dresden, Berlin, Potsdam, Leipzig, Weimar, München); 1836 auf dem Hinweg über München, Stuttgart, Straßburg schließlich Paris, von London über Antwerpen, Brüssel, Lüttich zurück; 1843 nach Konstantinopel und Griechenland.

Grillparzers Märchenlibretto „Die schöne Melusine", führt Grillparzer im Jahre 1822 mit Beethoven zusammen, den jedoch eine Veroperung dieses Stoffes nicht zu reizen vermag. Anläßlich Beethovens Tod 1827 verfasst er die Grabrede.

Während der Jahre 1817 - 1838 hat Grillparzer die meisten seiner Dramen gedichtet und im Wiener Burgtheater zur Uraufführung gebracht. Die seines einzigen Lustspieles endet jedoch mit einem eklatanten Misserfolg. Seitdem hat Grillparzer der Bühne kein weiteres Theaterstück mehr angeboten.

3. 1838 - 1872

Der Wiener Revolution von 1848 begegnet Grillparzer überwiegend mit Unverständnis, ihren Auswüchsen mit tiefem Erschrecken. Seit 1849 bis zu seinem Tode lebt er – auch weiterhin unverheiratet – in Wohngemeinschaft mit den drei Schwestern Fröhlich. In längeren, oft unterbrochenen Arbeitsgängen schreibt er auch jetzt noch vereinzelte Dramen.

Nachdem er bereits 1847 in die neu gegründete Österreichische Akademie der Wissenschaften berufen, und 1849 ihm der Leopoldsorden verliehen wurde, erhält er 1856 anlässlich seiner beamtenmäßigen Pensionierung den Hofratstitel. Mit dem weiteren Titel eines Reichsrates wird Grillparzer 1861 in das Österreichische Herrenhaus berufen. Im Jahre 1864 wird er zum Ehrenmitglied des Deutschen Hochstiftes in Frankfurt am Main ernannt und erhält das Ehrenbürgerrecht seiner Heimatstadt Wien.

Nachdem ihm schon 1853 König Maximilian von Bayern seinen Maximiliansorden, 1864 der frühere Erzherzog und jetzige Kaiser von Mexiko das Großkreuz des Ordens von Guadeloupe verliehen hatte, überbringt ihm am 15.1.1871 ein Adjutant des eigenen Kaisers persönlich nebst dessen Handschreiben das Großkreuz des Franz Josephs-Ordens; zugleich setzt ihm der Kaiser aus seiner Privatschatulle einen jährlichen Ehrensold in Höhe von 3000 Gulden aus.

Zum Ehrendoktor promovieren ihn 1859 die Universitäten Leipzig und Wien, 1871 die zu Innsbruck und Graz. Im gleichen Jahr 1871, dem seines 80. Geburtstages, senden ihm die Städte Iglau, Znaim und Bozen Ehrenbürgerdiplome.

Am 21. Januar 1872 stirbt Grillparzer in Wien.

II. NICHTDRAMATISCHES SCHAFFEN

1. Kurzgefasste Einsichten und Erkenntnisse, Notizen und Aphorismen.

Während seines langen, über achtzigjährigen Lebens hat sich Grillparzer geistig immer wieder mit der ihn bedrängenden Umwelt auseinandergesetzt. Sicherlich zwangen ihn gelegentlich auch wissenschaftliche und religiöse, ja sogar politische und wirtschaftliche Problemstellungen zu klaren Aussagen oder auch nur zu Anmerkungen nebenbei. Doch von seinem artifiziellen Fach her interessierten ihn naturgemäß am meisten Fragen in bezug auf Kunstgesetze, Kunstlehre, Kunstwerk und Künstler. Und in solchem Rahmen sah er sich vor allem zu Stellungnahmen veranlaßt, welche Sprachformungen, Dichtung im allgemeinen und die der Zeitgenossen im besonderen ins Visier nahmen. Deutsche und spezifisch österreichische, darüber hinaus aber auch antike, italienische, spanische, französische und englische Literatur.

Umwerfende Erkenntnisse, Feststellungen von überzeitlichem oder gar von ex cathedra Wert wird man hierbei nicht suchen dürfen. Doch das von Grillparzer hierzu Niedergeschriebene bleibt auch dann noch interessant, wenn sich seine gedanklichen Resultate nicht immer bestätigen lassen.

Etwas von einer religiösen Zweireichelehre hat auch Grillparzer mitbekommen: „Der Mensch ist immer von Gott, aber die Welt ist des Teufels". Dabei scheint er nicht so sehr auf die Ichsucht des Menschen im allgemeinen als vielmehr eher spezifisch auf dessen Verlogenheit abzustellen: „Wenn der Mensch nur in Berührung mit Anderen Seinesgleichen, also in Gesellschaft, leben kann, jedes gesellige Verhältnis aber Vertrauen voraussetzt und Vertrauen seinerseits ohne Wahrheit nicht denkbar ist, so greift jede, auch die kleinste Lüge die Grundlage aller menschlichen Zustände an." Daran kranken bereits die einschlägigen Rechtssetzungen: „Es ist Unsinn, von einem göttlichen Recht zu sprechen, weil der Begriff von Recht die Idee einer Unvollkommenheit mit sich führt" (Vgl. später „Libussa"). Vor allem dann, wenn Rechtssätze falsch angewandt, wenn sogar die allgemeinen Menschenrechte einzelnen Völkern vorenthalten werden. Mit der Exekutive steht es nicht besser als mit der Legislative: „Was die Staatsmänner anderen Menschen praktisch voraushaben, ist, daß etwas sie in verwickelten Fällen zu einem Abschluß und ihre Gewissenlosigkeit zur Ausführung kommen läßt." Vielleicht dachte Grillparzer hierbei auch an seinen eigenen König Ottokar.

Auch aus anderen, ähnlichen Bekundungen läßt sich fast mühelos ableiten, daß Grillparzer einen großen Teil seines Lebens hindurch auf den Spuren Schopenhauers von pessimistischer Weltschau erfüllt war, auch wenn er die ästhetische Verwurzelung jenes Philosophen nicht teilte.

In eine von vornherein so kritische Sicht getaucht stellt sich Grillparzer die zentrale Frage: „Was ist Kunst?" Um sie auch sogleich eindeutig zu beantworten: „Kunst ist die Hervorbringung einer anderen Natur als die, welche uns umgibt.– Ein Kunstwerk muß sein wie die Natur, deren verklärtes Abbild es ist.– Ohne Naturgemäßheit gibt es in der Kunst .keine Wahrheit." Und dazu gleichnishaft: „Die Kunst verhält sich zur Natur wie der Wein zur Traube." Wollte denn der junge Ludwig Tieck, der seines Romantischen Aufbruchs, das menschliche Leben nicht auch durch Kunst verklären? Zusammen mit Novalis und Anderen? Doch zu Jenen geht Grillparzer ganz entschieden auf Distanz. Peilt er damit, eine schöpferische Position bereits inmitten des nachfolgenden dichterischen Realismus an?

Immerhin: „Hervorbringung einer anderen Natur". Nicht bloßes Abzeichnen der eigenen realen Umgebung ist gefordert, sondern Phantasie. Und durchaus zum ästhetisch Angenehmen hin: „Die Schönheit ist die vollkommene Übereinstimmung des Sinnlichen mit dem Geistigen." Manövriert sich da Grillparzer nicht doch in eine ungewisse Pendellage hinein zwischen zwei polartige Gegensätze, welche die Kulturgeschichte eben als "Romantik" und "Realismus" bezeichnet?

Jedenfalls verlangt Grillparzer vom Dichter und damit auch von sich selbst, daß man mit klaren Vorstellungen, daß man sogar charaktervoll an die Schaffung eines Kunstwerkes herangehen müsse, eben an „die Hervorbringung einer anderen Natur." Und erst dann, „wenn ein Talent und ein Charakter zusammenkommen, entsteht das Genie." Wer denkt bei solchen Begrifflichkeiten nicht sogleich an Goethes Tasso? Auch ungünstige Zeitumstände sollten den Dichter nicht von dem als notwendig erkannten Schaffensprozeß.abhalten: „In einem frostigen Zeitalter zu leben, ist kein Unglück. Denn indem man sich der Kälte entgegenstellt, ergreift man notwendigerweise das Entgegengesetzte: die Begeisterung." Und obendrein noch im Blick auf die entsprechende Resonanz: „Wehe dem Dichter, der sich seinen Stoff und die Behandlung desselben vom Lese- oder Theaterpublikum diktieren läßt!" Da ja ohnehin „Nachahmen oder Anfeinden der Charakter der Menge ist." Und in diesem Sinne „fordern wir von einem Dichter vor allem Originalität, Eigentümlichkeit der Weltanschauung. – *Auf* die Masse soll der Dichter wirken, *mit* der Masse nie!"

Freilich differenziert nun Grillparzer: „Poesie und Prosa sind voneinander unterschieden wie Essen und Trinken." Sie „unterscheiden sich voneinander wie eine Reise und eine Spazierfahrt. Der Zweck der Reise liegt im Ziel, der Zweck der Spazierfahrt im Weg." Solche Trennschärfe erscheint recht unzutreffend, zumindest fragwürdig. Vermutlich will Grillparzer nicht so sehr Vers vom Nichtvers abheben, sondern überzeitlich Gültiges vom platten Alltag: „Zum poetischen Gehalt ist erforderlich, daß er zur Anschauung bringe notwendige und ewig wahre Gedanken und Gefühle, die über das irdische Dasein hinausgehen." Anders formuliert: „Die Welt mit den Gesetzen der Empfindung in Übereinstimmung zu bringen, das ist ‚Aufgabe der Poesie." Oder gerafft: „Die Poesie ist die Aufhebung der Beschränkungen des Lebens."

Was nun spezifisch die Bühnenkunst anbelangt, so bleibt „das Theater der Rahmen des Bildes, innerhalb welchem die Gegenstände Anschaulichkeit und Verhältnis zueinander haben." Wohlgemerkt auch hier: „Das Wesen des Dramas ist strenge Causalität, da es etwas Erdichtetes als wirklich geschehend anschaulich machen soll."

Neben Calderón und Molière, Klopstock und Lessing finden bei Grillparzer volle Anerkennung Shakespeare, mit etwas Abstand zu diesem Goethe und mit etwas noch mehr Abstand Schiller: „Nur dem Gange eines Genies folgt das Gefühl der Notwendigkeit auf dem Fuße nach." Hinsichtlich Kleist erfaßte Grillparzer ein „äußerst widerliches Gefühl bei der Lesung." Der dramatische Zeit- und zuletzt auch Ortsgenosse Hebbel sei zwar „der denkenden Aufgabe voll gewachsen, der künstlerischen aber gar nicht." Epische Konsorten wie Jean Paul und Ludwig Tieck bürstet er ganz ab: „sie gehören unter die frühesten Verderber unserer Literatur."

Und warum vermag Grillparzer sich selbst zeitabschnittsmäßig nicht einzuordnen? „Epochen, die wir als Wendepunkte in der Menschengeschichte bezeichnen, sind nur Epochen für unsere hinterher kommende Betrachtung; für die Zeitgenossen waren sie es nicht." Zur Romantik hin zieht Grillparzer jedenfalls für seine Person einen klaren Trennstrich: „Daß die Deutschen diesem schaukelnden Träumen, dieser bild- und begriffslosen Ahnungsfähigkeit einen hohen Wert beilegen, ist eben das Unglück dieser Nation."

Will dann Grillparzer etwa über die romantische Ära zurück zur klassisch-klassizistischen, will er zum deutschen Idealismus, der doch nichts anderes sei „als ein vom Schwanze her aufgezäumter Materialismus?" Oder womöglich noch über denselben hinaus weiter zurück zu den poetisierenden Aufklärungsaposteln Lessing und Voltaire? Vernunft? Durchaus! Aber dann eben doch: „Die Vernunft ist nur der durch die Phantasie erweiterte Verstand." Poetische Phantasie also unverzichtbar: „Es gibt keinen Verstand ohne Urteilskraft, kein Denken ohne Erinnern, keine Vernunft ohne Phantasie; sie durchdringen sich wechselweise."

2. Lyrik.

Werden Versuche im zweiten Lebensjahrzehnt, ein Gedicht abzufassen, übergangen, so verteilen sich die lyrischen Aussagen Grillparzers auf den Zeitraum etwa von 1816 bis 1860. Also auf das, was der Funfundzwanzigjährige und schließlich auch noch der Siebzigjährige zu Papier brachte.

Weit mehr als 100 Gedichte sind es an der Zahl, eher schon ihrer 200. Von ihnen machen gereimte Versenden etwa 90% aus. Vom Verstypus her bevorzugt Grillparzer wie in seinen Dramen den Jambus und den Trochäus. Die Jamben bilden sich zumeist mit 5, seltener mit 4, öfters mit 4 zu 3 gemischten Hebungen heraus (etwa zu 60%); die Trochäen bleiben durchweg vierfüßig (etwa zu 25%); der Rest gibt sich daktylengeprägt oder in freier Rhythmik.

Daß Grillparzer nicht seine berühmte Heimatstadt und deren reizvolle landschaftliche Umgebung besang, verwundert zunächst. Im „Abend von Wien" heißt es am 27.8.1843 zwar „Leb wohl, du stolze Kaiserstadt – auf deinen Fluren geht sich's weich – rings um dich her ein Zauberreich", doch da beginnt auch schon gleich die zweite Strophe „Schön bist du, doch gefährlich auch". Im Pendant dazu bereits im Oktober 1826 „Bei der Rückkehr nach Österreich" folgt dem „Sei mir gegrüßt, mein Österreich, du herrlich blühnder Gottesgarten" alsbald der Reim „Den Argen aber und den Bösen mög nirgends Gott die Zügel lösen." Nach der Revolution modifiziert der Dichter die österreichische Volkshymne: „Gott erhalte unsern Kaiser / Und in ihm das Vaterland / Der du Throne hältst und Häuser / Schirm ihn, Herr, mit starker Hand!"

Zu jener verhältnismäßig späten Zeitstufe schreckte Grillparzer vor politischen Aussagen in Gedichtform keineswegs zurück. Bereits im Januar 1848 ahnt er den revolutionären Umsturz fast seismographisch voraus, „den Wahnsinn, der den Sinn verkehrt in Wahn", so am Ende von „Vorzeichen": „Das Unheil aber naht, so muß ich meinen, / Der Einsturz folgt, wenn erst kein Widerstand, / Die Tollkühnheit hör ich lachen, ich muß weinen, / Denn ach, es gilt mein eigenes Vaterland." Nach dem umstürzlerischen Ausbruch im März 1848 in „Mein Vaterland" selbstbewußt: „Wo selbst die Freiheit, die zur Zeit / Hin jauchzt in tausend Stimmen, / Halb großgesäugt von Eitelkeit / Und von der Lust am Schlimmen." Kein Wunder wenn dann nach den glänzenden Siegen des K.-und-K.-Heeres in Italien Grillparzer noch im gleichen Jahr in der sehnsüchtigen Hoffnung, auch in Wien selbst mögen die konservativen Kräfte wieder die Oberhand gewinnen, den Feldmarschall Radetzky akklamiert: „Du bist mein Mann! Dich hab ich mir ersehen" und vor allem „Glückauf, mein Feldherr, führe den Streich! / Nicht bloß um des Ruhmes Schimmer, / In deinem Lager ist Österreich, Wir andern sind einzelne Trümmer." Und danach heißt es im gleichen Gedicht:. „Die Gott als Slaw' und Magyaren schuf, / Sie streiten um Worte nicht hämisch, / Sie folgen, ob deutsch auch der Feldherrnruf, / Denn: Vorwärts! ist ungarisch und böhmisch." Mittelbar zeigt sich hier Grillparzers latente Besorgnis eines ungewissen Schicksals des Habsburger Vielvölkerstaates auch nach der Wiederherstellung der alten Ordnung 1848ff. Die Niederlage von Königgrätz im Jahre 1866 dürfte der Dichter nicht mehr so recht verkraftet haben.

Erscheinen patriotische und lokalpatriotische poetische Ergüsse noch leidlich hinnehmbar, so lassen sich fast nur noch kopfschüttelnd andere politische Lyrizismen verfolgen. Zwar bezeichnet er „Napoleon" anläßlich dessen Todes 1821 als „Geißel Gottes", geht aber dennoch ähnlich Goethe ganz in dessen Bewunderung auf und beschließt seine Eloge auf ihn: „Er war zu groß, weil seine Zeit zu klein." – Fast durchweg in Jamben widmet er einem „kranken Feldherrn" (1839) 67 reimlose Verse, „Einem deutschen Fürsten" (1849) 6 gereimte Vierzeiler und „Kaiser Franz Joseph" (1855) 10 gereimte Vierzeiler, „Kaisers Bildsäule" (1837) sogar ihrer 19. Was soll man von Grillparzers Rußlandgedicht (1839) gleich zu dessen Beginn halten? „Ich grüße dich, du Land der eis'gen Steppen, / Mit Deinen Völkern rauh und starr und roh, / Wo sie die Unschuld zum Polarkreis schleppen, / Wo noch Gewalt des Übermaßes froh./ Wohl weiß ich, was du drohst mit Banden, / Wohl weiß ich, was du willst: du willst die Welt; / Und dennoch Heil mit dir und deinen Landen ! / Greif zu! Schlag los! Zertrümm're, was dich hält!" – Oder von jener wirren Ode auf die Starkurtisane Lola Montez (1847), deretwegen Ludwig I. von Bayern bald danach abdanken mußte: „Drum kehrt euch nicht verachtend von dem Weib, / In deren Arm ein König ward zum Mann!"

In der fünften Strophe seines Poems „Der Reichstag" (1849) erklärt Grillparzer: „Macht alles gleich! Hüllt in dasselbe Kleid / Der Menschheit unerschaffne nackte Blöße, / Bis alles ärmlich, wie ihr selber seid, / Und euer Maß die vorbestimmte Größe!" Und in der elften setzt er dem Parlament noch eins drauf: „Nicht, was ihr habt, nein, das nur, was euch fehlt, / Empfahl euch in des Pöbels hohen Gnaden, / Der trunken damals, als er euch gewählt, / Und taumelnd noch von seinen Barrikaden. "Im Jahre 1852 vor einem Bild. „Auf einem stand von winz'ger Kleinheit / Mit großen Lettern: Deutschlands Einheit. / Hier Weltmacht und dort deutsche Flotte, / Der Mensch hinaufgeschraubt zum Gotte, / Da Schleswig-Holstein und der Belt, / Ansiedlung in der Neuen Welt." Wozu doch Jamben noch gut genug sind!

Wenn Grillparzer statt über Politisches über Dichtung und Dichter meditiert, sollte man hoffen, der Qualitätsspegel stiege an. Doch auch da plätschern die Jamben fast lustlos, zumeist ohne Höhen und Tiefen, eben so dahin. „Märchen" (1829) gibt sich so belanglos wie „Dichternot" (1836), „Die Schwestern Poesie und Prosa" (1836) wie „Literarische Zustände" (1838). Wenn schon Goethe zu seinem Ruhm nichts abbekommt, so doch wenigstens seine Enkelin Alma (1844), und zwar gleich 12 gereimte Vierzeiler. Lope de Vega (1850) wird mehr gestreift. Nur der Nachruf auf den Dichtergenossen Lenau vom gleichen Jahr läßt aufhorchen: „Daß du ein Ehrenmann, hat dich getötet, / Daß du kein Tor, war deines Wahnsinns Grund." Ansonsten vollführt Grillparzer einen fast gehässigen Rundumschlag inmitten der eigenen poetisierenden, deutschen Zunft (1840): „Wo ist denn deutsche Art? Auf, zeigt mir sie! Statt Launen, immer bunter und vertrackter, / Und fordert ihr sie von der Poesie, / So habt vor allem selber erst Charakter!"

Fünfmal hat Grillparzer seine Dramen mit eigener Lyrik bedient: seine „Ahnfrau" mit „Bertas Lied in der Nacht" (1817), das zwei Jahre später Franz Schubert in Ges-dur vertonen sollte (D 653). Danach „Sappho" in reimlosen Vierzeilenstrophen (1817), noch vor Vollendung des „Goldenen Vlieses" eine längere freirhythmische Medea-Ballade, den zwanzigzeiligen Epilog zu „König Ottokars Glück und Ende" (1825) und schließlich Rustans Lied (1826) in dem Bühnenmärchen "Der Traum, ein Leben".

Eng verschwistert mit dem Wort ist der Ton. Viele Jahre lang durchlebte Grillparzer das Wiener Musizieren in dessen schöpferischer Kulminationsphase Da hätte man denken sollen, Grillparzer und Liederfürst Franz Schubert hätten miteinander zu einem einzigartigen Akkord gelangen müssen. Zumal sie sich öfters auf den sog. Schubertiaden gesellig trafen. Doch Schubert vertonte nur Grillparzers freirhythmisches "Ständchen" (1827) für Altsolo, Chor und Klavier in zwei Fassungen auf Bitten Anna Fröhlichs für eine deren Schülerinnen (D 920, zuvor op.post.135, uraufgeführt am 26.3.1828 in Wien), nicht zu verwechseln mit dem weltberühmten „Ständchen" (D 957, Nr.4) des „Schwanengesangs" vom Folgejahr 1828. Sowie dessen Kantate für Sopransolo, Chor und Klavier „Mirjams Siegesgesang" für Josefine Fröhlich.

Grillparzers Kurzgedicht auf Schubert (1827) ist nichtssagend; kaum interessanter der lange, gereimte 127-Zeiler in vierfüßigen Trochäen auf den oben im Himmel (1827) angelangten Beethoven. Seine bekannte Grabrede anläßlich der Bestattung des Titanen von der Mölkerbastei wurde der singulären, weltweiten Bedeutung dieses Musikgenies letzten Endes wohl auch nicht voll gerecht. Auch berühmte, die Donaustadt anreisende Musikvirtuosen besang Grillparzer. Doch in den entsprechenden Gedichten bleibt Paganini auf seiner tiefsten Violinsaite genauso nichtssagend (1828) wie ein Jahrzehnt später die junge Clara Wieck mit Beethovens Appassionata auf den Klaviertasten (1838); Franz Liszt (1843) erhält wenigstens noch das Prädikat „Engel mit dem Flammenschwerte". Und der populären Tänzerin Fanny Elßler möchte er den geplanten Bühnenabschied ausreden: „Gib sie nicht auf, die heil'ge Kunst!"

Mozart hochgepriesen wird freilich voll anerkannt. Der wußte um seine minderwertige menschliche Umwelt, die „nicht wert ist, daß man sich kränkt." Anläßlich der Enthüllung des Salzburger Mozartdenkmals 1842 kam Grillparzer mit seiner diesbezüglichen Huldigung zeitlich zu spät; doch auch nachträglich dürfte kein Festteilnehmer dessen fünffüßige reimlose Jamben in 73 Versen vermißt haben. Als einer der beiden Mozartsöhne 1844 starb, entledigte sich Grillparzer einer etwas kürzeren Elegie: „Des Vaters Name war es eben, was deiner Tatkraft Keim zerstört."

Wird Grillparzers bisher durchstreifte „Lyrik" den heutigen Leser bestimmt nicht vom Sessel reißen, so bleibt dann immer noch der Bereich, in welchem sich Herzensbekenntnisse vermuten lassen. Inmitten der Gedichtfülle haben da Analysten fleißig nachgeforscht und geglaubt, angesichts von Grillparzers

Frauenbekanntschaften fündig geworden zu sein. Die 12 vierfüßigen gereimten Trochäen von 1818 schienen wie ein Wegweiser dahin: „Hab ich mich nicht losgerissen, / Nicht mein Herz von ihr gewandt,./ Weil ich sie verachten müssen, / Weil ich wertlos sie erkannt?" Doch immer noch „Glutverlangen" und zum Beschluß: „Ist der Pfeil auch weggenommen / Ist's darum die Wunde nicht." Persönlichstes, innere Kämpfe bis in die seelische Zerrissenheit hinein, Intimstes, ein Echo „seiner schmerzvollen inneren Krise" vermutete man in den 17 Gedichten, die Grillparzer in den Zyklus Tristia ex ponto (1826/33) zusammengefaßt hat, zumeist – mitunter wie abgeklärt in Jambenversen. Eine Charlotte taucht auf. In der „Verwünschung" wird Marie Daffinger zum treulosen „Todesengel neben mir."; die „Trennung" von ihr soll jedoch „ohne Groll und Haß" erfolgen. In den „Jugenderinnerungen im Grünen" (Nr.15) erfährt Grillparzers „ewige Braut" Kathi Fröhlich in der 12.Strophe: „Rein war mein Herz, und rein war all mein Streben, / Du aber zahltest Trug und Täuschung mir dafür." Eine Entschlüsselung jener anormal langen Liaison bietet vielleicht die 23.Strophe: „Denn Hälften kann man aneinanderpassen, / Ich war ein Ganzes, und auch sie war ganz. / Sie wollte gern ihr tiefstes Wesen lassen, / Doch allzu fest geschlungen war der Kranz. / So standen Beide, suchten sich zu einen, / Das Andre aufzunehmen ganz in sich. / Doch all umsonst trotz Ringen, Stürmen, Weinen, Sie blieb ein Weib, und ich war immer ich."

Im Jahre 1831 treffen Grillparzer und die junge Heloise Höchner zusammen. Der Dichter entbrannt in Leidenschaft für sie. Doch nur oberflächenhaft gesteht er sich in der „Begegnung" den Reiz ihrer Erscheinung: „Wie schön sie war! Die bräunlich-blonden Flechten / Bedeckt vom Strohhut mit dem breiten Rand." Jahrelang bleibt die zunächst distanzierte Beziehung in der Schwebe. Schließlich nähert sie sich ihm. Er entzieht sich ihr – wieder einmal – im resignativen Gefühlsknick und drängt sie zur Ehe mit einem rumänischen Ingenieur. Auf einer Reise nach Paris (1836) will er Heloise zu vergessen suchen. Dort entsteht das von Fachleuten hochgelobte Gedicht „Entsagung" in 5 fünffüßigen gereimten Jambenstrophen mit der Leitlinie „Des Menschen ew'ges Los, es heißt Entbehren." Nur der Verzicht auf das Du rettet das eigene Ich. Resignation in hoher Potenz, besonders in der Schlußstrophe: „Nur was du abweist, kann dir wiederkommen. / Was du verschmähst, naht ewig schmeichelnd sich. /Und in dem Abschied, vom Besitz genommen, / Erhältst du dir das einzig Deine: Dich!"

Solch permanentes Resignieren und wohl auch eine uneingestandene Lust daran offenbart Grillparzers bestimmendes Lebensgefühl. Der sein im Traumland angesiedeltes Dichten fast durchweg im schneidenden Gegensatz zur eiskalt empfundenen, verachtenswert realen Umwelt sah. Deshalb: nur im bindungsfreien Alleinsein läßt sich noch eine sinnvolle Existenz rechtfertigen. Und dies grundsätzlich. Nicht etwa nur angesichts der geistig einengenden Restaurationsepoche zwischen Wiener Kongreß (1815) und Revolution (1848).

Sicherlich sind Grillparzers Reaktionen auf die Bekanntschaften mit den ihm begegnenden Frauen und andererseits auf seine ihn oft, genug strangulierende Umwelt miteinander vergesellschaftet. Seine fast pausenlos seelische Schieflage bleibt evident. Ohne daß er deshalb gleich zu einem psychologisch-pathologischen Fall aufrückt.

Auch im Blick auf jene „Entsagung" kann von einem überzeitlichen Wert von Grillparzers Gedichten keine Rede sein. Schon garnicht angesichts zeitgenössischer Lyriker wie Eichendorff, Mörike, Uhland oder Lenau. Ob nun Grillparzers Thematik „An der Wiege eines Kindes" oder „Zwischen Gaeta und Capua", ein „Albumblatt" oder „Gedanken am Fenster", betrifft, ob „Entzauberung" oder „Bretterwelt", ob „Alpenszene" oder „Gutenberg-Album", ob den „Kölner Dombau", „Die Überdeutschen" oder „Der Henker hole die Journale", ob „Orientalischen Kongreß" oder „Böses Wetter", auch ein noch so aufgefächertes stoffliches Spektrum schützt nicht vor Mittelmaß. Man spürt förmlich, wie Grillparzer ständig bemüht ist, umsichtig einen reichhaltigen lyrischen Bestand um sich herum aufzubauen. Wie er dabei mit hellem Verstand zielstrebig vorgeht, statt passiv von Gefühlen und Leidenschaften quälend oder beseligend heimgesucht zu werden.

Und dennoch rechtfertigt sich die Beschäftigung gerade mit diesem Zweig von Grillparzers dichterischer Existenz, weil er Hinweise geben kann auf ganz bestimmte, auch seltsame Fügungen in seinem dramatischen Werk.

3. Epigramm und Satiren.

In einer Sparte allerdings entzieht sich Grillparzer jenem reimeschmiedenden Mittelmaß. Und übersteigt es sogar ganz beträchtlich. In seinen Epigrammen will er vor allem aufklären. Will gegen Torheiten und Verlogenheiten ankämpfen. Was dann Lächerlichmachung nicht ausschließt. Weder die eines Sachverhaltes noch die des Adressaten. Oft stellt sich eine Überraschungspointe ein.

Auf dem Wege, dahin beherrscht er die Wortwahl von feinziselierender Ironie bis hin zum beißenden Sarkasmus. Goethes und Schillers Xenien von 1796 scheinen nicht ganz ohne Wirkung auf ihn geblieben zu sein.

Das griechische Wort Epigramm bedeutet so viel wie Aufschrift. Und eine solche hatte Grillparzer seinerzeit dem Portalsturz der Wiener Nationalbank zugedacht. Unter Anspielung an die neutestamentliche Speisung der Fünftausend sollte seinerzeit folgende Tafel angebracht werden:

„Komm, gläubig Volk, zu diesen Tischen!
Hier waltet sichtbar Christi Geist.
Es werden hier mit vierzehn Fischen
An vierzigtausend Mann gespeist."

Doch Bankkunden hatte der Dichter ansonsten nicht im Visier. Zumeist zielte er auf allgemeine Zustände und Gebrechen:

„Die Weltgeschichte, die sich dünkt was Rechtes,
Ist die Zoologie des Menschengeschlechtes."

So ist es dann auch kein Wunder, daß

„Der Weg der neueren Bildung geht
Von Humanität
Durch Nationalität
Zur Bestialität."

Der Einzelne ist keineswegs besser als die Gemeinschaft, die sich aus seinesgleichen zusammensetzt:

„Ein Dummkopf bleibt ein Dummkopf nur
Für sich in Feld und Haus.
Doch wenn du ihn' zu Einfluß bringst,
So wird ein Schurke draus."

Aber auch in milderer Dosierung vermag der Dichter zu spotten:

„Tadeln ist leicht, wie ihr wohl wißt,
Und höchst bequemlich!
Doch eines gibt's, was noch leichter ist:
Nachbeten nämlich."

Oder zum fast schon Sinnspruchhaften hin:

„Wenn der Humor, der Scherz des Ernstes ist,
Bist du fürwahr ein Humorist,
Am lächerlichsten, wenn du ernsthaft bist."

Das könnte auch schon auf Theaterkritiker gemünzt sein. Die sich immer, bevor sie einen Bühnenautor kritisieren, in Erinnerung rufen sollten:

"Tun sich des Theaters Pforten auf,
Strömt ein der Pöbel in vollem Hauf.
Da ist es dann das Dichters Sache,
Daß er ein Publikum aus ihnen mache."

Zumal auch Thalia in eine unergiebige Zeitphase geschlittert ist:

„Philosophie und Poesie,
Verschlagen vom Wind der Emphatik,
Sie sind gestrandet – ich weiß nicht wie –
Auf der Sandbank der Grammatik."

Vielleicht erklärt sich das so:

„Der Leichtsinn in der Kunst bleibt schädlich immer,
Schwerfälligkeit jedoch ist noch viel schlimmer."

In seinen Epigrammen ging Grillparzer auch namhafte Kulturpersönlichkeiten an; nur drei wahllos herausgegriffene Beispiele: Über den damals führenden Philosophen Hegel:

„Was mir an deinem System am besten gefällt?
Es ist so unverständlich wie die Welt."

Und über den seinerzeitigen Literaturpapst Wolfgang Menzel:

„Als Wickelkind auf Menzels Arm
Flößt er mit eklem Eifer
Ins Mäulchen dir den Musenpapp
Vermischt mit seinem Geifer."

Einem bekannten, nach Weimar zurückkreisenden Schauspieler schreibt er ins Stammbuch:

„Kehrst du nach Weimar wieder,
So geh zu Goethes Grab!
Sag ihm: die deutsche Dichtkunst,

Nicht er nur, stieg hinab."

Dankbare Angriffsflächen bieten naturgemäß diverse Felder der Politik. Vor allem die gegenwärtigen.. Nur ganz selten fließen dem Dichter aus dem Federkiel historische Nachrufe wie im „Gaudy":

„Es zogen nach Rom die Barbaren,
Besoffen sich dorten mit Wein,
Um wieder nach Hause zu fahren
Und frostig wie vorher zu sein."

Lokalpatriot Grillparzer macht vor seinen politisch engeren Grenzen durchaus nicht Halt. Auch epigraphisch üben die Jahreszahlen 1815 und 1848 ihre Wirkung aus:

„Wiens Wälle fallen in den Sand,
Wer wird in engen Mauern leben!
Auch ist ja schon das ganze Land
Mit einer chinesischen umgeben."

Zu sich liberal gebärdenden Journalisten:

"Freiheit wär eben das Rechte
Für euch und euer Geschrei.
Ihr seid die geborenen Knechte
Der Dummheit und Schurkerei."

Und wozu überhaupt die revolutionär geforderte Pressefreiheit?

"Preßfreiheit steht dort oben an,
Wo – oh unschuldsvolles Treiben –!
Das halbe Land nicht lesen kann,
Das andere nicht schreiben."

Deshalb Rückzug auf schöpferisches Dichten im privaten Bereich?

"Wie sehr sich die Lage des. Vaterlandes drängt,
Bewahr deine Kunst dir als reine!
Wer sich in die patriotischen Kleien mengt,
Den fressen die politischen Schweine."

Und zusätzliche Distanzhaltung:

„Mit drei Ständen habe ich nichts zu schaffen:

Mit Beamten, Gelehrten und Pfaffen."

Nach 1848 wendet sich Grillparzer erst recht gegen Revolutionäre und gegen den reaktionären Klerus gleichermaßen:

„Homöopathisch ist die Kur:
Man heilt mit Rückwärtsschritten,
Was Pfaffen und Ignoranz getan
Durch Dummheit und Jesuiten."

Da bekommt sogar der Kaiser noch eins ab:

"Wer nicht ausgetreten die Kinderschuhe,
Den klemmen sie ein bis zur Totenruhe."

Und so schreibt denn der Dichter zuletzt in ein Stammbuch:

„Oh, nicht an einem Ort liegt unser Vaterland,
Es liegt im Umkreis nahverwandter Herzen."

Fazit trotz unwandelbar konservativer Einstellung Grillparzers:

„Früh, eh die Flut noch in die Welt gebrochen,
Gab es Geschöpfe, obzwar wunderlich.
Des zeugen noch fossile Mammutknochen
Und das System des Fürsten Metternich."

Nicht antidiluvianisch, sondern durchaus akut gegenwartsbezogen geht Grillparzer gegen die Deutschen jenseits Österreichs Grenzen los:

„Deutschland ist weniger, als es meint.
Österreich ist mehr, als es scheint."

Und warum?

„Die Deutschen hätten keine Phantasie?
Ein Satz, der sich selber zerstört!
Überall haben die Deutschen sie,
Wo sie nicht hingehört."

Stattdessen offenbart sich bei diesen gelegentlich eine gefährliche Tatkraft:

„Des Preußentums Vergrößerungskunst
Ist Diebstahl während einer Feuersbrunst.
So haben sie einst sich Schlesien gestohlen
Und möchten nun noch das Übrige holen"

Da haben freilich die Habsburger – Tu autem, felix Austria, nube! – viel unauffälliger, diplomatischer und auch geistvoller ihr großes Reich zusammengebracht. Und wenn dann die Deutschen wie zumeist keine politische Tatkraft entwickeln, ist das dem Dichter an der schönen blauen Donau auch wieder nicht recht:

„In England Komfort und Industrie,
In Frankreich verderbte Phantasie,
In Deutschland Klügeln und Grübeln,
Das sind die Quellen von allen Übeln."

Im Zugriff seiner Epigramme sieht er sich mitunter auch selbst. Als im Alter Ehrendoktorate und Ordenskreuze auf den Hochgeehrten herabregnen:

„Wie strahl` ich doch im Ehrenglanz!
Das Höchste sollte mich kaum überraschen.
Sie vergolden mich am Ende ganz,
Nichts ausgenommen als die Taschen."

Und ganz zuletzt wohl auch im Blick auf die vier Schwestern Fröhlich:

„Eine Ähnlichkeit, die ich mit Christus habe:
Nur die Weiber kommen zu meinem Grabe."

Wie schnell zu erkennen ist: das aphoristische, pointengewürzte und zumeist auch gereimte Epigramm lag Grillparzer weit mehr als weitschweifige und zunehmend auch sinnentleerte Lyrik im eigentlichen Sinne. War damit eine günstige Ausgangsposition für die Geburt seiner dramatischen Musenkinder geschaffen? Dem Epigramm verwandt ist die Satire. Auch in ihr hat sich Grillparzer ausgesprochen. Doch dessen Qualitätsstufe erreicht sie trotz unterschiedlichster Formungen und Inhalte nicht. Als Kurzbeispiel nur zwei Sätze aus dem „Partezettel": „Klemens Wenzel Lothar Fürst von Metternich gibt im Namen seiner Frau, des Papstes, das Teufels und der sonstigen absoluten Mächte Nachricht von dem betrübten Tode ihrer gemeinschaftlichen Pflege- und Nährmutter, der gegenwärtig in Gott ruhenden Legitimität, die nach empfangenen Sakramente selig im Herrn entschlafen ist. – Beileidsbezeugungen werden nur von Blödsinnigen angenommen."

Zumeist stehen schon die Überschriften für den überkandidelten Inhalt: „Bittschrift eines Spitzbuben", „Schreiben Gottes an den Bürgermeister von Zürich", unterzeichnet: Ihr wohlaffektionierter Gottm.p. Oder auch „Schreiben eines

Nachtwächters", nämlich des „Aller Welt gehorsamster Germanikus Walhall, Küster und Nachtwächter zum Dombau bei Köln am Rhein."

Schließlich langte Grillparzer bei der rollenverteilenden Schwankszene an. Auch hier Ingredienzen von satirischer Schärfe und ätzendem Zynismus. Relativ entschärft, doch ziemlich albern die possenhafte Szene um den Kanzleipraktikanten Fixlmüllner in „Prius oder die Bekehrung – ein rührendes Drama für Beamte". Müder Witz durchzieht die Jenseitsgespräche, die Friedrich der Große 1806 mit Voltaire, gar erst 1841 mit Lessing führt. – Noch schwächlicher die Persiflagen der Rollenträger aus Mozarts letztem Singspiel in „Der Zauberflöte Zweiter Teil, 1.Aufzug."

Hätte Grillparzer zu einem Hauptvertreter der damals virulenten Wiener Posse getaugt? Hätte er mit ihr sein dramatisches Schaffen komödiantisch aufgelokkert und zugleich wirkungsvoll bereichert? Wäre er, der er in seinen „Kritischen Briefen" Theatervorstellungen verspottete, selbst die seines eigenen „Ottokar", mit entsprechender Dialogführung vor allem bei den Leuten angekommen, aus denen sich das Publikum der Wiener Vorstadttheater zusammensetzte? Eine vielleicht nicht nur müßige Frage!

4. Die beiden Erzählungen.

Auch vom Epischen her lohnt sich eine Erfassung des Dramatikers Grillparzer.

Die erstverfaßte der beiden Erzählungen „Das Kloster von Sendomir" war eine Gelegenheitsarbeit. Dramaturg Schreyvogel, dem der Dichter die erfolgreiche Durchsetzung seiner frühen Dramen auf der Wiener Bühne mit zu verdanken hatte, bat ihn 1827 um einen Beitrag für sein Taschenbuch Aglaja. Umgehend schrieb Grillparzer die Novelle, sich dabei an eine altfränkische Sage anlehnend.

Auf einem Schloß in der Woiwodschaft Sendomir bewirtschaftet der reiche Graf Starschensky seine vielen Güter ringsum. Anläßlich eines Besuches in Warschau wird er von dem jungen hübschen Mädchen Elga angesprochen, die ihn in ein ärmliches Gelaß führt, in welchem deren Vater, der altadlige, ehemalige Starost von Laschek auf einem zerlumpten Krankenlager liegt; politisches Fehlverhalten hatte ihn und seine Familie ins wirtschaftliche Elend gestoßen. Auf dessen Bitte hin erwirkt der Graf bei den polnischen Machthabern die Rehabilitierung des Unglücklichen samt der Seinen und heiratet schließlich dessen

Tochter Elga. Er führt sie auf sein Schloß, wo nun verschwenderisch rauschende Feste gefeiert werden. Alsbald kommt Gräfin Elga mit einem Kind nieder.

In der Folgezeit berichtet der treue alte Schloßverwalter seinem Grafen, nachts habe sich schon öfters ein Unbekannter auf dem Schloßgelände zu schaffen gemacht, zumeist an der Turmwarte. Beide greifen tatsächlich eine Person, die sich jedoch als Elgas Zofe entpuppt und von ihrer Herrin entschuldigt wird. Doch der langsam von Mißtrauen erfaßte Graf entdeckt kurz danach in der Schmuckkassette seiner Frau' das Bildnis eines Mannes, mit dem sein Kind eine teilweise frappante Ähnlichkeit besitzt. Auf Spurensuche in Warschau erfährt Graf Starschensky von einer vormaligen Verlobung Elga-Oginsky. Eines Nachts stellt er im Turmwartengemach jenen Vetter seiner Frau und fesselt ihn. Dann führt er seine Frau herzu und überführt sie des permanenten Ehebruchs. Während Oginsky entkommen kann, tötet Graf Starschensky seine Angetraute, übergibt das Kind Köhlersleuten, läßt sein Schloß niederbrennen, verkauft seine Güter und stiftet unterhalb der Brandruine ein Kloster, in dem er schließlich selbst als niedere Dienste verrichtender Mönch fungiert.

Von all diesen Begebenheiten berichtet ein Mönch im gleichen Kloster Sendomir zwei deutschen Rittern, die auf dem Wege nach Warschau eine Botschaft ihres Kaisers dem polnischen König Johann Sobieski überbringen sollen und hier am Ort nächtigen wollen.

Nachdem die beiden Ritter dem Bericht des Mönches gelauscht haben, entdeckt sich ihnen derselbe als der ehemalige Graf Starschensky.

Der Novellenstoff mag aus dem Reservoir trivialer Schauermärchen stammen. Bewundernswert bleibt gleichwohl, wie Grillparzer hier Spannung schafft und sie zunehmend verdichtet. Wie er gleichzeitig die Verworfenheit der so unschuldsvoll sich gebenden und doch so verlogenen Elga nach und nach enthüllt. Höhepunkt am Schluß jene Turmwartenszene, in der die Gegenüberstellung Elga-Oginsky den endgültigen Beweis erbringt. Die Verruchte, die ihrerseits – ohne Anlaß – ihren Mann des Ehebruchs bezichtigt, schwört noch auf dem nächtlichen Weg zum Turm, nie intime Beziehungen zu ihrem Vetter Oginsky unterhalten zu haben. Danach gleichwohl überführt, wimmert sie nur noch um ihr Leben. Hier baut Grillparzer noch ein geniales Spannungselement ein: der Graf will Elga schonen, falls sie das zusammen mit ihr in den Turm geführte Kind, jenes Ehebruchsprodukt, eigenhändig tötet. Um selbst am Leben zu bleiben, ist sie dazu bereit. Und erst da tötet er die abgefeimte Betrügerin.

Die schmale Rahmenhandlung erscheint zunächst fast überflüssig. Doch zeichnet sie am Schluß ein bedeutsamer Überraschungseffekt aus, als sich der bisher in der dritten Person berichtende, gelegentlich sich selbst unterbrechende Mönch als jener Graf Starschensky zu erkennen gibt, dessen ehedem prächtiges Schloß jetzt von Bergeshöh als Brandruine auf das Kloster herunterschaut.

Psychologische Vertiefung der beiden Protagonisten wird nicht vermißt. Sie gehören von vornherein verschiedenen Welten an, leben deshalb aneinander vorbei, und die sich mehr und mehr enthüllende Schwere von Elgas Betrug sucht den Leser sehr bald heim. Gedrängtheit der Fakten in ihrer logischen Aneinanderreihung weist ihrerseits auf Grillparzers Befähigung zum dramatischen Bühnenautor hin. Nicht zufällig hat diese Novelle Gerhard Hauptmann zu dessen Tragödie „Elga" angeregt.

Grillparzer schrieb die Novelle nieder, als er bereits jahrelang ehebrecherische Beziehungen zu Charlotte von Paumgarten unterhielt. Sie starb im Erscheinungsjahr 1827; ihr Ehemann, zugleich des Dichters Cousin, hat Untreue und Tod seiner Frau nicht verwinden können. So ist über eigenes Erleben hinaus etwas an problemgefütterter Nachdenklichkeit in die formal an sich kurze Erzählung eingegangen.

Noch intensivere Erlebnisnähe atmet die zwei Jahrzehnte später verfaßte zweite Novelle Grillparzers „Der arme Spielmann". Als der Dichter bereits auf die Sechzig zuging und sich zunehmend vom Getriebe seiner Umwelt abwandte.

Der „Spielmann" ist der Sohn eines wohlhabenden einflußreichen Wiener Hofrates, der sich jedoch im Gegensatz zu seinen Brüdern als leistungsschwach erweist, deshalb seine Schulausbildung abbrechen muß und vom enttäuschten Vater als kleiner Copist in ein Büro gesteckt wird. In seiner langsamen Arbeitsweise und zeitraubenden Gründlichkeit macht er auch dort eine unglückliche Figur. Auf sich selbst zurückgeworfen. versucht er durch ständiges Üben auf seiner Geige das Alleinsein inmitten seiner sehr bescheidenen Kammer zu überbrücken. Tief beeindruckt ihn ein Lied, das plötzlich unten auf dem Hinterhof die Tochter des benachbarten Bäckers so dahersingt. Er bittet sie um die Noten des Liedes, wird aber von Barbara immerfort herablassend behandelt.

Da stirbt der Vater des „Spielmanns", und dieser erbt unversehens 11000 Gulden. Auf einmal wird er für den Bäcker, Barbaras Vater, der ihn sonst mürrisch aus seinem Laden gewiesen hatte, interessant. Barbara warnt den lebensuntüchtigen Fiedler vor ihrem am Rande der Geschäftspleite stehenden Vater, will aber nun ihrerseits ob seines unverhofften Geldsegens mit ihm anbandeln. Mit ihm als Finanzier sieht sie sich schon als Betreiberin eines einträglichen Putzgeschäftes. Als sie plötzlich erfährt, daß er den größten Teil seiner Erbschaft infolge Betrügereien eines Anderen schon wieder verloren hat. Umgehend verläßt sie ihn, heiratet einen Fleischer und zieht in eine andere Gegend.

Jahre und Jahrzehnte hindurch müht sich der Fiedler, durch ständiges Üben die Werke großer Komponisten auf seiner Violine zu reproduzieren. Daraus wird nichts; auch hier fehlt die nötige Begabung. Nur mit Barbaras Lied tröstet er seine wundgeschlagene Seele. Seinen Lebensunterhalt vermag er ausschließlich dadurch zu bestreiten, daß er auf den Höfen der Vorstadthäuser herumfiedelt. Die einzige Freude verschafft ihm nach vielen Jahren Barbara dadurch, daß die jetzt wohlsituierte Frau Fleischermeister ihn zum Geigenlehrer ihrer heranwachsenden Kinder bestellt.

All dies erfährt von dem mittlerweile Siebzigjährigen ein Besucher des Wiener Volksfestes auf der Brigittenau, wo unter vielen anderen Musikanten auch der „Spielmann" auf kleine Almosen der Vorübergehenden hofft. Der in Ich-Form Erzählende – wohl Grillparzer selbst – erkennt, daß der Alte immer noch in die schöne Musik tief eindringen möchte, dabei jedoch geigentechnisch versagt. Er folgt ihm in seine armselige Unterkunft in der Leopoldstädter Gärtnergasse, wo er den Lebensbericht des mit seinem Geigenspiel Glücklichen/Unglücklichen entgegennimmt.

Als im nächsten Frühjahr infolge übermäßigen Eisganges auch dessen Gärtnergasse katastrophal überschwemmt wird, will sich jener Volksfestbesucher nach dem Befinden des „Spielmannes" erkundigen. Der hat unter Einsatz seines Lebens anderen Menschen geholfen, ihr Hab und Gut zu retten. Wobei das Wasser „ihm schon an die Brust reichte". An der dadurch ausgelösten Erkältung ist der Greis gestorben, und der ihn Aufsuchende begegnet ihm nur noch im Sarg auf dem Weg zum Friedhof; dem Toten folgt Barbara mit ihren Kindern, die dessen Lebensschicksal nun doch anrührt.

Auch diesmal eine Rahmenhandlung, und diesmal inhaltlich wesentlich angereicherter als im „Kloster von Sendomir". Vor allem in der Endphase. Offenbart sich dort der die Reisegäste bedienende Mönch als der Graf Starschensky von ehedem, womit es dann auch schon sein Bewenden hat, so erfährt der Leser hier in allen Einzelheiten vom erschütternden, fast schon heroischen Ende des „Armen Spielmannes". Diesmal lotet Grillparzer bei den Protagonisten, beim Fiedler, danach auch bei Barbara das Psychologische ungleich intensiver aus als bei Starschensky/Elga. Ob die Barbara Wesentliches vom Charakter Kathi Fröhlichs, Grillparzers „ewiger Braut", widerspiegelt, sei dahingestellt. Der Spielmann freilich – auf einen solchen ist der Dichter seinerzeit getroffen – hat es ihm in mehrfacher Hinsicht angetan. In ihm konnte er das wunderliche Schicksal eines ganz einfachen, in sich selbst versponnenen Menschen aus dem Volke aufzeigen. Nicht eines Menschen, der im Sinne Schopenhauers in der ihn umgebenden Gesellschaft etwas „darstellt", sondern eines ob seiner langsamen Auffassungsgabe, Pedanterie, Begriffsstutzigkeit, Übergenauigkeit an den normalen Anforderungen des Lebens Gescheiterten. Der dennoch – obschon kontaktscheuer, eigenbrötlerischer Sonderling, oder vielleicht gerade deshalb – wie kaum ein Anderer in sich selbst hineinzuhören vermag. Die Qual des Außenseiters, die durch das Erlebnis himmlischer Musik großer Meister in infantiler Beseligung aufgesogen wird. Der solche Glückseligkeit freilich trotz lebenslanger Bemühungen mangels geigentechnischer Befähigung nie auf seine Mitmenschen zu reflektieren vermag . Und deshalb bestenfalls ein gerade noch geduldeter Höfefiedler bleibt. Doch hinter dessen „höllischen Konzert" offenbart sich mehr. Nämlich der Dichter selbst. Der oft genug schmerzlich erfahren mußte, daß er grandiose, ihn überwältigende Visionen nicht adäquat in seinen realen Werkschöpfungen aufgehen zu lassen vermochte. Die ihn peinigende Erfahrung einer unüberwindbaren Diskrepanz zwischen Wollen und Können, die ja auch in so manchem Rollenträger seiner in den letzten Jahrzehnten geschaffenen Bühnenwerke anklingt. Beeindruckend insgesamt, wie die in dieser „Künstler"-Novelle vorgeführte kümmerliche Existenz ganz zum Schluß durch überraschend hervorbrechende Zivilcourage zum rettenden Helfer der Mitmenschen aufsteigt und selbige mit dem eigenen Leben bezahlt.

Gleichwohl: das Schicksal des „Helden" dieser im „Iris"-Taschenbuch 1848 veröffentlichten Erzählung ist nicht tragisch, sondern nur traurig.

Wer Grillparzers Dramen nicht kennt, sondern nur seine vorstehend knapp genug ausgebreiteten Ansichten, Erkenntnisse, Notizen, Aphorismen, Epigramme und Satiren, schließlich die beiden Novellen, der wird unumwunden zugeben müssen, daß Grillparzer von vornherein die Befähigung zum Dramatiker verliehen war. Wie hoch dann der Qualitätspegel seiner dramatischen Schöpfungen angestiegen ist, bleibt Gegenstand der weiteren Untersuchung.

III. DRAMATISCHES SCHAFFEN

EINLEITENDES

Grillparzer wuchs auf in einer Stadt, die seit eh und je von Theaterkultur geprägt war. Als er sich, kaum dem Kindesalter entwachsen, mehr und mehr für das Spiel auf den Brettern, die „die Welt bedeuten", interessierte, existierten neben dem Burgtheater, dessen Schauspielerensemble nicht nur die Burg, sondern auch das Theater an der Wien bespielte, noch drei Vorstadttheater, die weit in die Wiener Bevölkerung hineinwirkten, entschieden mehr durch Unterhaltung und Belustigung als durch Belehrung und Erbauung. Jene Vorstadtbühnen vor allem boten ein Sammelsurium an Hanswurstiaden, partiellen Stegreifkomödien in der Nachfolge der italienischen Commedia dell` Arte, zunehmend auch an Zauberpossen, Märchensujets, ja, sogar von – wenn auch begrenzt – zeitkritischen und gesellschaftspolemischen Schwänken. Doch immer volksnah, dialektfroh und resonanzsicher.

Das seitens des aufklärerischen Kaisers Josefs II. anfangs stark geförderte deutsche Singspiel belebte musikalisch zusätzlich die farbenfrohe Szenerie. Und da mag es schon ein wenig symbolisch wirken, daß Grillparzers Geburtsjahr und Mozarts Todesjahr identisch sind, und daß in jenem Jahr 1791 gerade die „Zauberflöte" zur Uraufführung gelangte.

Wenn auch auf den Wiener Bühnen – wie in den meisten deutschen Theatern – seichte Rührstücke von Iffland, Kotzebue und Anderen zu einem großen Anteil den Besucherbedarf deckten, ließen sich zumindest auf der Burg in der Spielplangestaltung Einwirkungen der barocken Spanier, Shakespeares und der Weimarer Klassiker nicht übersehen.

So wurde bereits in sehr jungen Jahren Grillparzer nicht nur vertraut mit jenem Theater, das später in Raimunds Märchenzauber und Nestroys teilweise drastischen Schwänken kulminieren sollte, sondern auch mit den wie von tiefsinnigen Zauberfäden durchzogenen Komödien Calderons und vor allem Lope de Vegas, in denen oft genug phantastisch Halbdunkles oszilliert. Noch kam ihm freilich nicht zum Bewußtsein der Gegensatz zwischen dem glaubenskatholischen Quellgrund jener spanischen Bühnenaussagen und dem rational-josefinistischen Gepräge, das er geistig durch sein Vaterhaus erhalten hatte.

Noch begeisterte er sich fast mehr an den gezeigten darstellerischen Leistungen als am Dramengeschehen selbst. Doch die Bewunderung einzelner Schauspieler führte ihn zwangsläufig bald in Shakespeares Nähe. Dem er vor allem eine, allerdings erst viel später (1849) formulierte Erkenntnis abgewann: „Der Schauspieler in ihm nötigte ihn, sich mit den Personen und Situationen zu identifizieren. Und aus ihnen heraus zu dichten statt in sie hinein. Er hat seine Personen gelebt, als er sie schrieb." Shakespeare bedeutet vor allem innere Wahrheit. Und in ihr begriff der junge Grillparzer schon früh das Kriterium der Muse Thalia. Im weiteren Verlauf ging ihm dann freilich auf, daß sich die Bedeutung Shakespeares mit Wahrheitssuche in Vergesellschaftung mit Phantasiefülle keineswegs erschöpfte. Er erstaunte, ja, er erschrak über die Leidenschaftsausbrüche dessen Rollenträger, über deren dämonische Kraftentfaltung, deren vulkanische Temperamentsentladungen. Ein solcher Tragiker vermag er, Grillparzer, wohl nur in Ausnahmefällen zu sein. Er, der er zum besinnlichen Erkennenwollen neigt .Er, der er notfalls lieber erleidet statt handelt. Lieber zaudern und abwarten, notfalls Hemmschwellen vor sich einbauen als sich klar entscheiden müssen. Stille statt Getöse, auch wenn letzteres noch so effektvoll zum Zuge kommt. Im Jahre 1817 gesteht sich Grillparzer noch ein: „Nur ein Mensch mit ungeheuren Leidenschaften kann dramatischer Dichter sein, ob sie gleich unter dem Zügel der Vernunft stehen müssen." Bereits 1822 wendet er sich von Shakespeare ab: „Er tyrannisiert meinen Geist; und ich will frei bleiben. Mein Streben geht dahin, ihn zu vergessen." Und wiederum wenige Jahre später (1828): „Shakespeare hat uns Neuere alle verdorben." Dies auch wohl mit dem Goethewort im Ohr. „Der Handelnde ist immer gewissenlos". Was Grillparzer vor allem von dem Briten wegzog und das klassische Weimar suchen ließ, war seine bedingungslose Bejahung der Maxime das Maßhaltens. Aus Weimarer Gipfelhöhen strahlten die inzwischen schon zeitlos gewordenen dramatischen Meisterschöpfungen Goethes und Schillers herab, die das aus der griechischen Antike gewonnene klassische Ebenmaß in sich trugen. Trotz eingehendem Studium der Tragödien des Euripides wurde ihm zum unerschütterlichen Glaubensgrundsatz, daß Hellas nur über Winkelmanns apollinische Sicht heimzuholen ist und nicht über die dionysische etwa – ein Halbjahrhundert später – eines Nietzsche.

So fallen denn Grillparzers Einwände gegen Goethes Dramen auch weit gelinder aus als die gegen die Shakespeares: „Dramatisch ist es nicht", was sich da von den Brettern herab rezitieren läßt an „schönen Reden in Tasso und Iphigenie." Doch Goethe, wenn er predigt, dann tut er es maßvoll; und genau darauf kommt es Grillparzer an, ohne daß dessen Bühnenstücke deshalb gleich zu bloßen Lesedramen herabsinken müssen. Umgekehrt erfolgt denn auch Goethes wohlwollende Benotung des eingereisten Wieners – so 1826 an Zelter – nicht von ungefähr: „Grillparzer ist ein angenehmer, wohlgefälliger Mann; ein angeborenes poetisches Talent darf man ihm wohl zuschreiben."

Spezifisch im dramatischen Bereich mußte auf ihn naturgemäß ein Meister der Aktestrukturierung und des zwingenden Szenenaufbaus wie Schiller noch weit mehr einwirken. Welch spannungsgeladene Zuspitzungen, welche dramatischen Schärfungen, welche Glut in Anklagen, Bekenntnissen, Postulaten! Welche Apologie allein schon der persönlichen Freiheit! Wie bei Beethoven, was für herzenerhebende Proklamationen an die gesamte Menschheit! Der fast Siebzigjährige gesteht mit Blick auf Schiller. „Ich habe ihn durch die Tat geehrt, indem ich immer seinen Weg gegangen bin." Hat das Grillparzer wirklich getan?

Solch heißer poetischer Odem war ihm nicht mitgegeben. Das sollte man ihm nachsehen. Und er brachte stattdessen in sein dramatisches Werk etwas ein, was sich bei dem Weimarer Schiller streckenweise als defizitär erwies; faszinierende Personencharakteristika, psychologisch virtuose Erfassung von Frauengestalten. Demgegenüber wirken die meisten Männergestalten Grillparzers wie innerlich gebremst, ohne Tatendrang oder gar Überschwang, gebändigt, erleidensfähig, oft halb gebrochen, schüchtern, scheu und schwach. Gemessen an einem Schiller gibt sich der Dramatiker Grillparzer streckenweise eher tatenscheu, verzagt und matt.

Die der Weimarer Klassik folgende Romantik ließ ihn .kaum aufhorchen. Als mit großem Abstand bedeutendste schöpferische Potenz jener Zeitstufe erwies sich Kleist. Doch obwohl dessen "Kätchen von Heilbronn" (1810) und "Prinz von Homburg" (1821) in Wien uraufgeführt worden waren, – hatten sie keinerlei Dauerwirkung hinterlassen. Die gesamte Ersthälfte des 19. Jahrhunderts hindurch – von Weimar abgesehen – sah sich Grillparzer außer mit den vorübergehenden Modeschicksalstragikern Werner, Müllner, Houwald und seinen Lokalzeitgenossen Raimund und Nestroy in deren Vorstadttheatern mit keinen, normgebenden Bühnenschöpfungen konfrontiert: weder mit den von romantischer Ironie durchwehten Literaturkomödien "Der gestiefelte Kater" und "Die verkehrte Welt" eines Tieck noch mit Eichendorffs viel späterem Lustspiel "Die Freier", weder mit Immermanns "Merlin" noch mit Platens

"Verhängnisvoller Gabel". Grabbe und Büchner streiften bestenfalls das Wiener Theaterleben. Und als zuletzt der Realist Hebbel auftauchte, ward ihm dessen "Unnatur" zuwider.

Natürlich hatte auch ein Grillparzer als noch sehr junger Mann eine eigene, mit Irrtümern gepflasterte schöpferische Entwicklung bis zum ersten und zugleich umjubelten Bühnenerfolg durchgemacht. Das Intensivstudium historischer Abrisse erfolgte im Verbund mit ersten Dialogführungsversuchen. 1809 erklärte er: "Meine Nachahmungssucht übersteigt allen Glauben. Alle meine Ideen formen sich nach jüngst gelesenen." Daß sein Onkel Ignaz von Sonnenleithner vorübergehend als Hofburgtheatersekretär engagiert war, dürfte ihm zusätzliche Anregungen vermittelt haben. Daß der junge Theodor Körner aus Dresden in kürzester Zeit tollen Bühnenautorenruhm einheimste und zum Liebling des Wiener Theaterpublikums sowie der Intendanz avancierte, bevor er sich 1813 freiwillig zu den Schwarzen Lützower Jägern in Schlesien meldete, wird Grillparzer mehr als nur beiläufig interessiert haben. Seine Entwürfe häufen sich. Szenen werden durchgeformt. Mit der Meisterung aktgemäßer Strukturen bekommt er das bühnenautorentechnische Handwerk zunehmend in den Griff.

Der kaum Sechzehnjährige versucht sich an heiteren Kleinigkeiten wie „Die Schreibfeder" oder „Wer ist schuldig?" Später bemüht er sich um „Friedrich den Streitbaren", um den Normannenherzog Robert, um die florentinischen Pazzi im Gerangel mit den Medici. Aus Englands Althistorie holt er sich Alfred den Großen, Lukretia Creiwill, Rosamunde Clifford. Gegenüber den völlig belanglosen „Amazone" und „Irenes Wiederkehr" regt sich in „Psyche" erstmals das sich viel später ausweitende Lebenstrauma des Dichters: der als unüberbrückbar empfundene Gegensatz zwischen Traumverlockungen und dem Schock realer Umwelterfahrungen. Erhebliche Fortschritte in der dramatischen Zuspitzung eines adaptierten Stoffes weisen „Drahomira" sowie ein Dialog zwischen den Feldherren Hannibal und Scipio aus. Ein „Spartakus" bleibt leider als Fragment auf der Strecke. Ein Opernlibrettoentwurf „Zauberwald" darf als Vorstufe zu der erst viel später abgeschlossenen, für Beethoven gedichteten „Melusina" gelten.

1808/09 erhält wenigstens die Tragödie „Blanka von Kastilien" ihre abschließende Gestalt: „Ich wählte dazu aus der Geschichte Peters des Grausamen die Ermordung seiner Gattin'" und hatte dabei „immer den Don Carlos im Auge." Als Stoffquelle benutzte Grillparzer wohl auch John Grays Weltgeschichte. Vor allem infolge der Monologe darin viel zu lang geraten, mit Nebenhandlungen überfrachtet, verrät das Hofintrigenstück mit seinen 5126 Blankversen noch keine Bühnenreife. Doch die Rolle des Fredrico weckt Interesse. Dessen Ausspruch: „Ich bin nicht mehr, der ich einst gewesen", kehrt viel später wieder bei Medea: „Und ich bin nicht mehr, die ich bin."

Schiller im allgemeinen, sein „Don Carlos" im besonderen jedenfalls das entscheidende Bildungserlebnis des heranwachsenden Bühnenstückverfassers. Und damit auch die textgemäße Verwendung des von Shakespeare, Goethe und Schiller geheiligten Blankverses. Und zwar in allen späteren Bühnenstücken mit Ausnahme der „Ahnfrau" und des Lustspieles „Weh dem, der lügt!", wo der jambische Fünfheber vom spanisch-trochäischen Vierheber abgelöst wird.

Hat Grillparzer den Blankvers gemeistert? War er dessen Gefangener? War seine Verwendung überhaupt unumgänglich? Für ihn schon „Von jeher war der Vers die Sprache der Poesie, und Prosa die der Wirklichkeit. Die Poesie aber will sich eben von der Wirklichkeit entfernen. Poesie in Prosa ist Unsinn" (1843). Vier Jahre später (1847) : „Die Poesie ist ein Flüchten aus der Wirklichkeit. Damit es aber Gestalten werden, muß es in die Wirklichkeit zurückkehren." Freilich spielt kein Drama Grillparzers in seiner durchlebten Gegenwart, sondern immer in der – meist weit zurückliegenden – Vergangenheit.

Partiell läßt sich Grillparzers Jambenbehandlung positiv bewerten. Er meistert den Übergang von längeren zu kürzeren Dialogphasen; das signalisiert aufkommende Bewegung in Rede und Gegenrede, emotionale Lockung, sich verdichtende Spannung. Ein Paradebeispiel dafür die in Leander durchbrechende Leidenschaft in „Des Meeres und der Liebe Wellen". Das kann sich steigern bis zum Wortfetzenwechsel. Eingebunden in den Blankvers, muß es logischerweise diesen aufspalten. Zusätzlich setzt der Dichter Gedankenstriche ein: Verzögerungen, Stockungen, Aufstau, Blockaden. Reicht auch das nicht mehr aus, werden eingeklammerte präzise Anweisungen in den Schauspieltext gesetzt. Virtuos beherrscht Grillparzer nicht nur das accelerando und ritardando, sondern auch Abdeckungen, Verschattungen, bloße Andeutungen. Im Goldenen Vlies werden – wenn auch mit mancherlei Ausnahmen – den kultivierten Griechen die Jamben, den barbarischen Kolchern die freien Versmetren zugeordnet. Mit abwechselnden Prosaeinsetzungen hätte der Dichter freilich erstaunliche, rein sprachliche Wirkungen erzielen können. In einem zaubermärchenhaften Stück wie Libussa hätte er den Blankvers der Titelheldin, die Prosa dem Tatmenschen

Primislaus zuordnen können und damit eine wirkungsvolle Kontrastierung bewerkstelligt. Auch in „Weh dem, der lügt!" eine ähnliche Gegenüberstellung: Durchgehend fünffüßige Jamben in den vom Bischof Gregor dominierten Außenakten, Prosa in den Innenakten, in denen die Aktionen von dem handfesten Küchenjungen Leon vorangetrieben werden. Doch jeder Vorschlag in dieser Richtung wäre an der versdogmatischen Verhärtung des Dichters gescheitert. So wurden denn die Jamben oft genug zu überlangen, in ihrer Ausdehnung grotesken Monologgebilden oder auch nur zu matten Scheindialogführungen aufgebläht, die nun zwar Lebensansichten, Welteinsichten, philosophische Betrachtungen und Erkenntnisse des Autors reflektieren, das Handlungsgerüst jedoch glattweg aufkommender Langeweile überantworten. Auch sei nicht verschwiegen, daß viele einzelne Verse sprachlich bis in die gelegentliche Unverständlichkeit hinein mißlungen sind, wie sinnlos zerhackt erscheinen, wortmäßig verdreht und von Apostrophen zusätzlich verunbildet werden. Was dann im Ergebnis mit dazu beigetragen hat, daß Grillparzer heutzutage zur Genugtuung vieler Schauspieler auf den deutschen Bühnen nur noch sporadisch zum Zuge kommt.

Über Schiller hinaus schreibt Grillparzer eine noch detailliertere, variablere, das gesprochene Wort begleitende Gestik vor. Trefflich verdeutlicht sie dann den Vorwärtsdrang der psychologisch ohnehin schon einfühlsam erfaßten Person, deren Entschlossenheit und Zielstrebigkeit, ebenso aber auch in ihrer resignierenden Erschlaffung, Zerrissenheit und Brüchigkeit. Von der Gebärde her werden dann die Wortgefechte und Wortgeflechte mittelbar angereichert.

Der Veranschaulichkeit halber verzichtet Grillparzer auch nicht auf das Dingsymbol, das meist reichgestaltig und ebenfalls wirkungsvoll eingesetzt wird. Die Rose auf Melittas Busen, das Goldene Vlies höchstselbst, die Laterne im Fenster von Heros Turmgemach – als nur wenige Beispiele – bis hin zu Rahels Bild im Spätschaffen prägen sich für lange Zeit dem Gedächtnis ein.

Ähnlichem Zweck dienen die vom Dichter geforderten zahlreichen Szenenbilder. Praktikabel inopportun, folgt hier aus dramaturgischer Sicht freilich ein Fehlschlag auf den anderen. Gleich mehrfache Kulissenschieberei innerhalb eines einzigen Aktes erweist sich fast durchweg als vermeidbar. Und zeigt obendrein an, daß die Bewältigung der stofflichen Inhalte nicht geglückt ist.

Auffallend ist die von Grillparzer in seinen Dramen unmittelbar oder auch nur mittelbar verwendete „Bogenform": Rahmenhandlung umschließt eine Binnenhandlung, auf der ja der Schwerpunkt des Geschehens ruht. Das zu Beginn von „Gastfreund" Phryxus nach Kolchis beförderte Goldene Vlies wird zum Schluß von Medea nach Delphi zurückgebracht. Im „Treuen Diener seines Herrn" erteilt König Andreas den Statthalterauftrag dem Bancbanus, der sein Mandat am Ende zurückgibt. Libussa entledigt sich vor ihrem Tod jenes Gürtelkleinods, das ihr Primislaus im Eröffnungsakt entwendet hatte. Im „Habsburger Zwist" eröffnet Don Cäsar das Geschehen mit seinen Attacken und wird zum Schluß vom unehelichen und zugleich kaiserlichen Vater der mittelbaren Tötung überantwortet. Als am evidentesten erweist sich die Bogenform im „Traum ein Leben", wo das Traumerlebnis mit der Binnenhandlung identisch ist. Aber auch in „Weh dem, der lügt!" rahmen Auftragserteilung und Auftragsvollzugsmeldung von und vor dem Bischof die Tolldreistigkeiten des Küchenjungen Leon im Machtbereich des Rheingaugrafen Kattwald.

Nach den einleitenden Worten zum Hauptkapitel dieser Studie, das dem Dramatischen Schaffen Grillparzers gewidmet ist – unter III – erhebt sich nun die Frage dessen Unterteilung. Sie läßt sich unter ganz unterschiedlichen Gesichtspunkten vornehmen.

Wägt man die sich anbietenden Möglichkeiten gegeneinander ab, so empfiehlt sich dann doch, nicht nach entstehungsmäßig streng chronologischer Folge vorzugehen, sondern eine Aufteilung auf übergeordnete Themenkreise vorzunehmen. Die erste deutliche Zäsur liegt zwischen „Ahnfrau" und „Sappho". Erstere betrachtet der Autor zwar als ein vollgültiges Werk, doch wegen deren „Haltlosigkeit" und „Selbstzerstörung" wollte er sich vom Ruch eines Schicksalstragödienschreibers mit Vehemenz befreien. So warf sich Grillparzer dem Geist Weimars gleichsam in die Arme, stürzte sich in die antike Welt der hellenischen Mythologie. Weitab von der abgeschmackten Gegenwart das örtlich und zeitlich weit entfernte Land der Griechen mit der schöpferischen Seele auf der Basis von fünffüßigen Jamben suchend.

So sollte denn Grillparzers erster Dramenkreis zu A) seine drei klassizistischen Realisierungen erfassen. Scharf davon abgehoben danach der zweite Dramenkreis zu B), der die vier Bühnenstücke in sich vereinigt, die unmittelbar oder auch nur mittelbar Grillparzers Treue zum angestammten Habsburger Herrschergeschlecht offenbaren. Unter C) müssen dann wie in ein Auffangbecken die fünf untereinander höchst unterschiedlichen Dramen aus getrennten Stoffkreisen fallen, die außerhalb von A) und B) anzusiedeln sind.

A) KLASSIZISTISCHE DRAMEN

Sie entstanden in Grillparzers erster und wohl auch bedeutendster schöpferischer Phase. Als Heinrich Laube 1851 die Leitung des Wiener Burgtheaters übernahm, glaubte er, dem Dichter, der sich nach dem katastrophalen Durchfall von 1838 in tiefster Verbitterung vom Theatergeschehen für immer abgewandt hatte, eine ideelle Wiedergutmachung schuldig zu sein. Und so kam es zu umjubelten Neuinszenierungen, die wohl nicht von ungefähr vor allem jenen drei Gestaltwerdungen auf antik griechischem Fundament galten: „Sappho" 1852, „Goldenes Vlies" 1857 und „Des Meeres und der Liebe Wellen" bereits 1851. Auch im Rahmen einer Spielplangestaltung heutzutage wird fast durchweg, wenn zu Grillparzer, dann zu jener Triade gegriffen.

1. Sappho.

Grillparzers erstes klassizistisches Drama behandelt den letzten Schicksalstag der aus der griechischen Antike bekannten, auf der Insel Lesbos lebenden (600 v.Chr.) berühmten Dichterin und Sängerin Sappho.

Im Rahmen des musischen Bereiches der olympischen Spiele hat sie soeben den höchsten Preis gewonnen. Unter dem Jubel ihres Volkes betritt sie mit dem Siegeskranz auf dem Haupte, ihre goldene Leier in der Hand, den heimatlichen Boden von Lesbos.

In ihrem Gefolge Phaon, ein gutaussehender junger Mann, den sie sich in Olympia aufgegriffen und in den sie sich vehement verliebt hat. Ihn preist sie denn auch entsprechend:

„Des Leibes Schönheit ist ein schönes Gut,
Und Lebenslust ein köstlicher Gewinn."

An ihrer Seite soll er hinfort völlig gleichberechtigt mit ihr ein glanzvolles Leben führen. Und so stellt sie ihn ihren Mitbewohnern vor:

„Obschon die Jahre ihn noch, Jüngling nennen,
Hat ihn als Mann so Wort als Tat erwiesen.
Ich liebe ihn, auf ihn fiel meine Wahl.
Er war bestimmt, in seiner Gaben Fülle
Mich von der Dichtkunst wolkennahen Gipfeln
In dieses Lebens heitre Blütentäler
Mit sanft bezwingender Gewalt herabzuziehn."

Eine solche Paarung kann sich als ideal und dauerhaft erweisen, wenn der Partner eine denkbare Gemeinsamkeit mit gleichem hymnischen Enthusiasmus anstrebt. Tut das Phaon?

Verhältnismäßig schnell bemerkt der Theaterzuschauer ein Ungleichgewicht zwischen Beiden. Sie hat ihn sich erwählt; er nicht sie. Inmitten Olympias mag es ihm sehr geschmeichelt haben, von einer so ruhmvollen, hochgepriesenen Frau favorisiert zu sein. Und sicher betritt er auch jetzt noch in anhaltendem Hochgefühl mit ihr den Boden ihrer Insel Lesbos. Inzwischen weiß er hinreichend, daß Sappho an ihm seine Entschlossenheit, Vitalität, seinen Mut, „des Leibes Schönheit" bewundert. Sappho betont es mehrfach: „In seiner Jugend Fülle steht er da." Und er kann sich ihres Besitzes auch sicher sein (II/1): „Und jetzt, da sie nun mein ist, mir gehört ..."

Doch er soll ihr selbstverständlich ebenso ganz gehören. Und er spürt auch exakt ihren besitzergreifenden Zugriff auf ihn (1/3):

„Nur eins verlieren könnt ich wahrlich nicht,
Dich Phaon, deine Freundschaft, deine Liebe.
Drum, mein Geliebter, prüfe dich!"

Phaon ist zur Selbstprüfung durchaus bereit (I/3): „Wie kann ich so viel Güte je bezahlen?" Langsam spürt er eine Schräglage zwischen ihnen: „Stets wachsend, fast erdrückt mich meine Schuld." Deshalb akklamiert er Sappho auch als „Erhabene Frau." Sie stört das: "Nicht so! Sagt dir dein Herz denn keinen süßeren Namen?" Er bleibt bei distanzierenden Titulierungen. „Die Stolze", „Hohe Frau", „Der Frauen Krone", „Götterbild". So kommt es nicht von ungefähr, wenn er in ihr die „Holde Zauberin", nach dem Melitta-Erlebnis gegen Ende sogar eine „Heuchlerische Circe" sieht. Doch sie ist ihm bereits körperlich hörig, was sie erst später (III/1) offenbart:

„Erkennt nicht die stille, mächt'ge Glut,
Die Liebe weckt in eines Weibes Busen."

Sie will ihn ganz. Für immer und ewig. Eine dritte Person wäre da die Katastrophe. Absolute Ausschließlichkeit! Liebendes Weib total! Doch Phaon (1/3) bleibt verwirrt:

„Wer glaubte auch, daß Hellas' erste Frau
Auf Hellas' letzten Jüngling würde schauen?"

Während sie sich nach Ablauf ihrer „entschwundenen Zeit" jetzt in schrankenlose Liebesleidenschaft hineinsteigert, meditiert er, von ersten Beklemmungen heimgesucht (1/4):

„Oh könnt ich doch
Besinnung mir und Klarheit mir gewinnen,
Um ganz zu sein, was ich zu sein begehre."

(I/7) „Ich bin verwirrt, mein Kopf ist wüst und schwer."

Noch bedenklicher bald danach (II/1):

„Doch jetzt, wie eine schwüle Sommernacht,
Liegt brütend, süß und peinigend zugleich,
Ein schwerer Nebel über meinen Sinnen."

Man begreift, daß bei solcher Ausgangsposition nur zu leicht ein – zunächst kaum bemerkbar – unvorhergesehener Störfaktor sich in dieses latent heikle Beziehungsgeflecht einschleichen kann. Der dann eine verhängnisvolle Entwicklung auszulösen vermag.

Und solches Verhängnis naht gar bald in der Gestalt der blutjungen Sklavin Melitta. Die man sich zufolge des Dialoges in III/5 im Gegensatz zu der etwa dreißgjährigen Sappho als eine unbekümmerte, mitunter freilich auch träumerische (11/2) Fünfzehnjährige vorzustellen hat.

Als Kind wurde Melitta Heimat und Eltern durch Seeräuber entrissen, die sie an Sappho verkauften. Die Sängerin wurde ihr alles andere als eine brutale Sklavenhalterin. Sie versetzt sich in den Seelenzustand des jungen Mädchens, der sich in einem Monolog (II/3) offenbart:

„Weh mir, da sitz ich einsam und verlassen,
Und niemand höret mich und achtet mein.
Und Sklavenketten drücken diese Hände. (zu den Göttern)
Führt gütig mich zurücke zu den Meinen!"

Sie nennt ihre Herrin „Gebieterin" „Hohe Frau"; Sappho sie „Liebes Kind", „Armes Ding". Sie will (1/5) dem unglücklichen Mädchen das Los nach Möglichkeit erleichtern:

„In Zukunft wollen wir als traute Schwestern
In seiner Nähe leben, gleichgepaart,
Allein durch seine Liebe unterschiedenen."

Doch das ist es ja gerade: Phaons Liebe. Deren Beständigkeit sich Sappho bisher sicher ist, während die unerfahrene Melitta Liebe noch nicht einmal im Ansatz kennt.

Bleibt aber der Mann Phaon ausgeblendet, so verbleibt auch Melitta ihrerseits Sappho gegenüber in einem dankbaren Treueverhältnis, das den gefügigen Gehorsam der jungen Sklavin überdeckt. Das offenbart sich vor allem nach dem gescheiterten Fluchtversuch. Wohl fühlt sie heraus, daß Sapphos ihr gegenüber erwiesene Gunst eine auch nur begrenzte ist (11/3):

„Doch ist es Liebe nicht, s'ist nur Erbarmen,
Das auch der Sklavin milde Worte gönnt."

Sicherlich: nur Erbarmen, nur (V/4) Güte. Doch ihr unterwirft sich Melitta erneut vollständig, begehrt heiß und innig die Absolution der Herrin (V/3 und 6):

„Nein, laß mich knieen,
Wie's wohl dem Kinde ziemt vor seiner Mutter!
Blick auf dein Kind hernieder, teure Frau!
Oh laß mich wieder deine Sklavin sein!
Was dir gehört, besitz es und verzeih!

Doch das insgesamt so harmonische Band zwischen Herrin und Sklavin wird eben in dem Moment zerrissen, in welchem der Mann zwischen ihnen „allein durch seine Liebe unterschieden" auf den Plan tritt. Dem Dramatiker Grillparzer wird man es nicht verübeln dürfen. wenn er das Naheliegende alsbald eintreten läßt, das eines Tages ohnehin kommen muß: Melitta und Phaon begegnen sich. Und sogleich ist die Szene in Spannung getaucht. Phaon spricht sie an (II/4): „So jung noch und so traurig, Mädchen?" Sie offenbart ihm ihr Heimweh. Und er seinerseits gesteht ihr:

„Auch ich vermisse ungern teure Eltern,
Auch mich zieht's mächtig nach der Heimat zu."

Das fördert den Konsens . Das schafft Interessenübereinstimmung. Eine gemeinsame Abreise aus Lesbos dürfte keinen Schwierigkeiten begegnen. Denn Beide über Sappho (11/4):

Melitta: „Gut ist Sappho, wahrlich lieb und gut."
Phaon: „Sei ruhig, Sappho ist ja gut und milde."

Und das für Melittas erforderliche Lösegeld will Phaon ohne längere Überlegung zahlen. Dabei bleibt es freilich nicht. Phaon entnimmt dem seitens Melitta soeben gewundenen Kranz eine Rose und steckt sie ihr an den Busen. Bei der Berührung fährt Melitta zusammen. In dem unschuldsvollen Mädchen erwacht die Jungfrau, die Frau. Jetzt (II/4) geht es Schlag auf Schlag. Sie stürzt von der Rasenbank. taumelt und sinkt dabei in seine Arme. Phaon drückt ihr rasch einen Kuß auf die Lippen.

Dabei (II/6) werden Beide von Sappho überrascht. Meisterhaft jetzt die Reaktionsfolge, wie sie Grillparzer dem Zuschauer transparent macht. Sappho zu Phaon:

„Ich sah dich mit Melitta scherzen."

Doch ihr schwant bereits, daß es beim bloßen Scherz nicht bleiben wird. Deshalb baut sie vor und gibt Phaon zu bedenken:

„Das liebe Mädchen mit dem stillen Sinn,
Obschon nicht hohen Geist's, von mäß'gen Gaben
Und unbehilflich für der Künste Übung,
War sie mir doch vor Andern lieb und wert.
Ersparen möcht' ich gern ihr die Erfahrung,
 Wie ungestillte Sehnsucht sie verzehrt
Und wie verschmähte Liebe nagend quält."

Ohne sofort zu begreifen, daß solche verschmähte Liebe nicht Melitta, sondern sie selbst treffen wird. Was nützt es Sappho, wenn sie selbst über jenen „hohen Geist" verfügt, ihn der Sklavin abspricht, jedoch nicht erkennen will, daß er dem heiß Geliebten ebenso abgeht? Daß vom unterschiedlichen intellektuellen Niveau her Melitta und Phaon ihr gegenüber bereits in einem Verbund stehen. Noch verdrängt sie die Bedeutung des Geschehenen. Im Grottenmonolog jedoch (III/l) macht sich Sappho nichts mehr vor:

„Es ist umsonst! Weit schwärmen die Gedanken.
Wie er sie hielt! Wie sie sein Arm umschlang!"

Sie küßt den auf der Rasenbank eingeschlummerten Phaon. Der erwachend. „Melitta!" Sappho stürzt zurück:

„Fast will's von Neuem mir die Brust beschleichen,
Doch nein! Zu tief hab ich sein Herz erkannt."

Jedweder Zweifel an der wirklichen Sachlage zerstäubt sich (III/2):

„Sie lebt in seinem schwurvergessenen Herzen.
Sappho verschmäht um ihrer Sklavin willen!"

Und die andere Dienerin Eucharis teilt ihr obendrein mit, nach langer Zeit sei Melitta jetzt auf einmal fröhlich und singe sogar. Welch ein Kontrast zu der Trauer, in der Phaon sie (II/4) zuvor fand! Sappho läßt Melitta kommen (III/5) und muß sich eingestehen: „Ah! – Beim Himmel, sie ist schön !" Schlimmer noch. „Wie hat sie sich geschmückt, die Falsche, ihrem Buhlen zu gefallen!" Plötzlich sieht sie ihre Sklavin ganz verändert. Plötzlich stört es sie, daß diese einen bunten Schmuck auf ihrer Kleidung trägt. Vor allem jene Rose am Busen! Dieselbe soll Melitta ihr sofort aushändigen. Alles will das Mädchen tun, was von ihr verlangt wird. Nur das nicht: denn Phaon hat die Rose ihr gesteckt. Melitta weigert sich erstmals; sie gibt ihr die Rose nicht. Da verliert Sappho die Herrschaft über sich und richtet in jäher Aufwallung der Gefühle einen Dolch gegen das Mädchen. Gerade noch rechtzeitig (III/6) tritt Phaon dazwischen und rechtfertigt Melittas Weigerung. Diese desavouiert ihn in einem Demutsrückfall vor ihrer Herrin: „Hier, die Rose nimm! Nimm ihn! Mein Leben nimm! Wo ist dein Dolch?" Doch Phaon zieht sie mit sich weg. „Komm! Schnell aus ihrer Nähe! Fort!" Damit sind die unversehens aufgebrochenen Fronten klar. Fraglich bleiben nur die Konsequenzen, welche die drei Beteiligten daraus ziehen.

Sappho will die Trennung der beiden jungen Leute dadurch herbeiführen, daß der Oberdiener Rhames Melitta gegen ihren Willen nach Chios bringt. Phaon (IV/5) schaltet sich ein:

„Melitta ja, du sollst nach Chios! Ja!
Doch nicht allein! Mit mir, an meiner Seite!"

Er bricht den Widerstand des Rhames und flieht mit Melitta über das Meer. Daraufhin erteilt Sappho den Ihren den Befehl, die Flüchtigen zu ergreifen und zurückzubringen. Hegte sie vor dieser Aktion noch eine vage Hoffnung (IV/1): „Laßt mir den Glauben nur an seine Liebe!", so entschwindet auch dieser, als die Ergriffenen vor ihr stehen. Und Phaon ihr klipp und klar erklärt, er wolle zwar das Lösegeld für Melitta zahlen, sei aber nicht gesonnen sie länger in Sapphos Versklavung zu lassen. Die innere Qual der großen Dichterin steigert sich noch, als sie Melittas unveränderte Anhänglichkeit wahrnimmt, wenn diese ihrem Phaon gesteht (V/4): „Ich kann nicht leben, wenn sie mich verdammt." Und damit ihr auch noch die letzte Waffe aus der Hand schlägt.

Nach der damaligen Gesetzeslage könnte Sappho die Beiden nach dem mißlungenen Fluchtversuch töten lassen. Doch da entringt sich ihr (V/6) das an Phaon gerichtete bedeutungsschwere Wort: „Ich suchte dich und habe mich gefunden." Ihre Landsleute bittet sie:

„Ihr, die ihr Sappho schwach gesehen, verzeiht!
Ich will mit Sapphos Schwäche euch versöhnen."

Mit sehr anrührenden Worten nimmt sie auch Abschied von den beiden Liebenden:

„Ihr Götter segnet sie und nehmt, mich auf!"

Und stürzt sich von der Felsenklippe ins Meer.

Vordergründig: der Mann zwischen zwei Frauen. Von denen, wenn nicht gravierende Momente entgegenstehen, die jüngere immer den Sieg über die ältere davontragen wird. Mittelgründig, wenn man das so formulieren darf: die landesweit Berühmte, die Hochgefeierte, die Olympiasiegerin der Poesie auf der einen, die namenlose Sklavin ohne Zukunft auf der anderen Seite. Wenn aber. der Mann zwischen ihnen ohne Antenne für den hochgeistigen Kosmos der Einen ist, von ihrer eindrucksvollen, landesweit anerkannten Superiorität über kurz oder lang erdrückt zu werden droht, wird er in aller Regel in der Anderen, der unauffällig Namenlosen, das ihm zusagende, partnerschaftliche Pendant suchen und finden. Phaon und Melitta, Mann und Frau aus dem Volke, sind Kandidaten auf gemeinsames Lebensglück. Im Hintergrund der Sappho-Tragödie öffnen sich jedoch Horizonte, auf die der Dichter selbst hingewiesen hat, und die in ihrer Bedeutungsschwere erst in seinem fortschreitenden Leben für die nötige Aufhellung sorgen sollten: die Einsamkeit des schöpferischen, womöglich auch noch gefeierten Menschen inmitten seines desillusionierenden gesellschaftlichen Umfeldes.

Gehört eine solch erhabene Dichterin nicht zu den Göttern statt unter die Menschen? Rhames ganz am Schluß deutet darauf hin (V/6):

„Es war auf Erden ihre Heimat nicht.
Sie ist zurückgekehrt zu den ihren."

Das ist wohl die tragischste Komponente im Leben solcher Zeitgenossen, die es sich durchaus wünschen, die es heiß begehren, als Mensch wie du und ich im irdischen Dasein ihren möglichst unauffälligen Platz zu finden. Ebenso wie die romantische verwunschene Wasserprinzessin Undine nichts Sehnlicher wünscht, als von unten her ihrem nassen Element zu entsteigen, um oben auf der Erde die Funktion einer normalen Bürgersfrau ausfüllen zu können, so strebt auch die gloriolenhafte Sappho von ihren musischen Höhen herab zum realen Durchschnittsmenschendasein. So bekennt sie gleich zu Beginn (I/2) ihren Landsleuten, Phaon umarmend, daß sie diesen dazu bestimmt habe, sie aus ihren „wolkennahen Gipfeln" zu sich „herabzuziehen". Und ihr olympischer Siegeskranz „ziert nur den Bürger", aber „drückt den Dichter". Leider warnt erst, als es bereits zu spät ist (V/3) Phaon die vordem diffus Geliebte:

„Mit Höherem, Sappho, halte du Gemeinschaft!"
Man steigt nicht ungestraft vom Göttermahle
herunter in den Kreis der Sterblichen."

Doch Sappho hat ihr eigentliches Problem, noch bevor sie den Dolch gegen Melitta zückt, bereits selbst (III/2) erkannt:

„Dort oben war mein Platz, dort an den Wolken,
Hier ist kein Ort für mich als nur das Grab.
Wen Götter sich zum Eigentum erlesen,
Geselle sich zu Erdenbürgern nicht.
Von beiden Welten eine mußt du wählen,
Hast du gewählt, dann ist kein Rücktritt mehr."

Das einsame Genie, das wählen muß zwischen seiner Missionserfüllung und dem höchstpersönlichen Glückserlebnis. Grillparzer hat dies überzeugend über die Bühnenrampe gebracht und seinem Wiener Burgtheaterpublikum vermitteln können.

Die Personen der Handlung sind psychologisch hervorragend erfaßt. Die in ihrem ersten Liebesgefühl aufblühende junge Melitta wie der anfangs leicht verunsicherte Phaon, der sich – wenn auch von der menschlichen Logik her unentrinnbar vorgezeichnet – sich von der einen Frau löst und sich an die andere bindet. Handlungsbedingt durchläuft die Titelheldin mit ihrem leichten matriarchalischem Touch entwicklungsmäßig die längste Wegstrecke: Von der liebend Verliebten über die abrupt Enttäuschte, über die Zweifelnde, Verzweifelte, ihrer wachsenden Eifersucht sich bis zum Mordanschlag auf die Rivalin hinreißen Lassende, um dann nach ihrem letzten Zornesausbruch sich als geläutert Resignierende selbst zu fangen. Das alles findet sich dann schon zusammen zu einer grandiosen Bühnengestalt, und die berühmtesten Tragödinnen im deutschen Sprachraum vor allem während des 19. Jahrhunderts haben sich immerfort nach dieser Rolle gedrängt.

„Sappho" lebt vom überquellenden inneren seelischem Gehalt. Sie bedarf nicht sich massierender äußerer Geschehnisse. Doch die wenigen spektakulären Zuspitzungen entfalten dann auch ihre durchschlagende Wirkung. Passend dazu der klassische Blankvers, der sich noch mehr als an Goethes Iphigenie wohl am Tasso orientiert hat. Trotz dem das Drama durchziehenden melodramatischen Unterton und trotz vieler dichterischen Schönheiten en detail erreicht aufs Ganze gesehen „Sappho" die sprachliche Höhe ihrer Weimarer Vorbilder nicht ganz. Einzelne leichte Entgleisungen sollten übersehen werden.

All den Zeitgenossen in Wien, die bereits von sich aus ihren Zugang zur griechischen Antike gewonnen hatten, war das Schicksal der Sängerin Sappho durchaus vertraut. Modifizierend hatte Wieland den Stoff in seinen „Agathon" eingebracht, Madame de Stael ihn romanmäßig gestaltet.

Auch Grillparzer kannte ihn. Er begriff jedoch die eigene Zugriffsmöglichkeit erst, als er anläßlich eines sommerlichen Spazierganges im Wiener Prater 1817 von einem Advokaten gesprächsweise dazu angeregt wurde, ihn als Opernlibretto zu nutzen.

Sofort wurde ihm eines deutlich: „Den Abstand zwischen Sappho und Melitta kann ich nicht groß genug haben." Präziser: „Sappho muß um ein gut Stück älter aussehen und doch nicht übel sein.". Doch müsse ihr noch so viel Jugend bleiben, um von der Bitternis der Liebesenttäuschung zutiefst getroffen zu werden, um als „eifersüchtiges, in der Leidenschaft sich vergessendes Weib" zum schmerzvollsten Verzicht sich durchzuringen, wohl wissend, daß sie mit der in ihr geweckten, doch nun unerfüllbar gewordenen Passion ohne Phaon nie wieder den notwendigen inneren Frieden zurückgewinnen kann, der für die Entfaltung gerade ihrer poetischen Schöpferkraft unabdingbar ist. Das setzt echte Tragik frei. Und so verkörpert Sappho ganz anders als Goethes Iphigenie die uns als weltanschauliche Bestimmungsträgerin, ja, fast als Humanitätsallegorie entgegentritt, das real existierende Weib. Glücklicherweise in rein menschlicher

Dimension, ohne Bezugnahme auf die Direktiven der antiken Götter und die von denselben ausgelösten Schicksalsgewalten.

Die umjubelte Uraufführung dieses zwingend vorangetriebenen Geschehens am 21.4.1818 im Wiener Burgtheater gestaltete sich zu Grillparzers grandiosestem Theatererfolg mit Dauerwirkung. "Sappho" wurde auf den bedeutendsten Bühnen Deutschlands nachgespielt. Sie machte – so der Dichter 1846 rückschauend – „noch mehr Furore als die Ahnfrau." Zu jener Zeit gestand auch Hebbel (1845): „Zwischen mir und Grillparzer stand immer die Ahnfrau. Doch verzieh ich ihm diese schon der Sappho wegen, die viel Reizendes enthält."

Vom Staatskanzler, den Fürsten Metternich, wurde der junge Dramatiker huldvoll empfangen. Am 1.5.1818 berief ihn das Wiener Burgtheater für die Dauer von zunächst fünf Jahren zu seinem offiziellen Theaterdichter; Festbesoldung: 1000 Gulden jährlich.

2. Das Goldene Vlies

Phryxus, ein junger Grieche, hat – angeblich auf einen ihm im Traum erteilten Befehl der Götter hin – im heiligen Bezirk von Delphi von der Statue des Gottes Peronto das dieselbe umhängende goldene Widderfell abgelöst und soll nun dieses Vlies ins Land der barbarischen Kolcher bringen. Mit Freunden schifft er sich ein nach Kolchis, jenes Goldene Vlies und Schätze mit sich führend. Der Kolcherkönig Aietes gewährt ihm jedoch nur scheinbar Asyl; in Wirklichkeit hat es der Habgierige auf das Vlies und die Schätze abgesehen. In einem günstigen Augenblick tötet er deshalb seinen „Gastfreund" und läßt das Vlies in die Kellergrotte eines halbverfallenen Turmes bringen, wo es von einem Drachen bewacht wird. Des Aietes zauberkundige Tochter Medea, von des Vaters Mordtat angewidert, wechselt von dessen Palast in jenen Turm.

Das Ende des Phryxus hat sich in Griechenland bald herumgesprochen. Das Vlies – allgemein erhobene Forderung – soll aus dem Barbarenland unbedingt wieder zurückgebracht werden. In Jolkos, der Stadt der Amphiktyonen, stirbt der König. Dessen Bruder Pelias erstrebt Nachfolge und Thron. Seinen Neffen Jason überredet er, mit Gleichgesinnten auf dem Schiff Argo in See zu stechen, um im Kolcherland die Racheaktion durchzuführen. Noch weiß Jason nicht, daß dieser Oheim seinen, Jasons Vater umgebracht hat und sich seiner mit Hilfe des gefährlichen Argonautenzuges entledigen möchte.

Die Argonauten landen in Kolchis. König Aietes hofft, mit Hilfe der Zauberkünste seiner Tochter Medea die Fremden überwältigen zu können. Jason dringt zufällig in jenen Turm ein. Kurzbegegnung mit der „Zauberin". Von einem Augenblick zum nächsten sind Jason und Medea voneinander fasziniert. Zweimal rettet sie sein bedrohtes Leben. Ihre leidenschaftliche Liebe zu ihm gesteht sie schließlich dem darob entsetzten königlichen Vater. Für den kommt es noch schlimmer: Medea verrät Jason das Grottenversteck in ihrem Turm. Sie braut einen schweren Zaubertrunk für den das Vlies in der Kellertiefe bewachenden Drachen. Jason stürzt sich auf denselben und vermag das Vlies zu bergen. Nun endlich dürfen sich die Argonauten wieder Richtung Griechenland einschiffen. Anläßlich ihrer letzten Kämpfe mit den Kolchern nehmen sie Medeas Bruder als Geisel, der sich von einer Klippe ins Meer stürzt. Öffentlich erklärt sich Medea nun klar für Jason und folgt ihm auf die Argo. Ihr königlicher Vater Aietes vermag ihre Abfahrt nicht mehr zu verhindern und verflucht sie. Später wird man über den Verlassenen berichten. „Er starb, so heißt es, gegen sich selber wütend."

In der Amphiktyonenhauptstadt Jolkos hat sich Pelias inzwischen zum König aufgeschwungen. Zugunsten seiner eigenen Nachkommen will er den rechtmäßigen Thronfolger Jason aus dem Lande verbannen. Der entsetzt heimkehrende Jason im Rückblick:

„Man floh mich und verachtete mein Weib.
Mein war sie, mich verschmähte man mit ihr.
Mein Oheim aber nährte schlau die Stimmung.
Und als ich forderte das Erbe meiner Väter,
Das er mir nahm und tückisch vorenthielt,
Da hieß er mich, mein Weib von mir zu senden,
Die ihm zum Greuel sei mit ihrem dunklen Streben."

Diesen Oheim Pelias befällt plötzlich eine schwere Krankheit. Jason verbietet Medea, ihn zu heilen. Sie aber will unbedingt das Vlies holen, das der von Wahnsinn befallene Kranke in seinem Raum aufgehängt hat. Als er Medea erkennt, steigert sich seine Verwirrung „heulend, bäumend, sich umwindend". Und „heulend" faßte Pelias „die Bande seiner Adern, sie brechen, in Güssen strömt hin sein Blut." Die Schuld an seinem Tod schiebt die aufgehetzte Volksmenge erst Jason, dann vor allem der fremdländischen Medea in die Schuhe, verbannt und vertreibt Beide des Landes.

Jahrelang auf der Flucht in der Fremde erreichen die Eheleute schließlich Korinth, wo Jason den ihn von früher her befreundeten König Kreon um Asyl bittet. Während der etwa letzten zehn Jahre nach dem Argonautenzug sind nun auch beider Kinder herangewachsen. Ihnen und Jason gewährt der König Schutz, nicht aber Medea. Doch überläßt er es seiner mild gestimmten, fürsorglichen Tochter Kreusa, sich um Medea zu kümmern. Und schließlich nimmt er dann doch Medea unter der Bedingung auf, daß sie nicht ihre furchteinflößenden Zauberkünste praktiziert. Wohl auch erst auf Jasons Versicherung hin, nur mit Medeas Hilfe habe dieser das Vlies finden und nach Griechenland zurückbringen können.

Inzwischen hat Medea das Goldene Vlies und ihre Zauberwerkzeuge an der korinthischen Küste vergraben. Doch ein Herold aus Jolkos, der in Kreons Beisein das Ehepaar verflucht, klagt Medea „verruchter Künste" an, ihrer Schuld an Pelias' Tod und ihres Vliesraubes. Daraufhin verkündet König Kreon, er verweise Medea des Landes und werde Jason mit seiner eigenen Tochter Kreusa verheiraten. Nun sagt sich auch Jason öffentlich von Medea los und stimmt dem König darin zu, daß seine und Medeas Kinder, zwei Knaben, von der Mutter getrennt in Korinth bleiben sollen.

Kreon versichert Jason, er werde dessen Rehabilitierung in Jolkos betreiben; Medea werde aus ganz Griechenland ausgewiesen. Nach einer Unterredung mit Jason ist sie voller Entsetzen darüber, daß er die Treue bricht, sich von ihr lossagen und sie dem Elend preisgeben wolle. Vergleichsweise bieten ihr Jason, danach auch der König an, sie dürfe Korinth mit einem der beiden Knaben verlassen. Kreusa bringt die ihr vorübergehend anvertrauten Kinder; Medea stürzt auf sie zu. Doch in aller Öffentlichkeit vor die Wahl gestellt, entscheiden sich die Kinder gegen sie und für Kreusa. Medea bricht zusammen.

Jetzt sieht sie nur noch einen Ausweg aus ihrer sie unmenschlich demütigenden Lage: ihre Kinder zu töten, bevor dieselben Kreusa endgültig überantwortet werden. Medea darf Abschied von ihren Kindern nehmen. Dann übersendet sie ein Prachtgefäß aus dem für einen Moment eine helle Flamme schlägt, mit Geschenkesgrüßen an Kreusa. Dort explodiert es beim Empfang, tötet Kreusa und setzt den königlichen Palast in Flammen. Am Tode seiner Tochter gibt jetzt König Kreon dem Jason eine Mitschuld. Ihnen wird gemeldet, daß beide Kinder ermordet sind.

In einer einsamen Felsengegend mit Hütte treffen noch einmal die ehemaligen Ehepartner aufeinander. Jason ist gealtert, krank und schleppt sich völlig erschöpft des Weges dahin. Er verfügt nicht einmal mehr über die Kraft, sein Schwert gegen Medea zu ziehen, die sich ihm plötzlich in den Weg stellt Sie eröffnet ihm, das Vlies wieder nach Delphi zurückzubringen und die Priester am Ort entscheiden zu lassen, ob sie die Todesstrafe erleiden soll oder „in längerem Leben findend längere Qual."

Zu Beginn bewegt sich die Handlung auf schwachen Stelzen fort. Nur auf Grund einer Traumdeutung stiehlt der junge Phryxus das Goldene Vlies in Delphi. Er bringt es nach dem fernen Kolchis, deutet dort aber gegenüber dem König Aietes an, er werde bei Asylverweigerung sich selbst im Lande „Sitz und Stätte" schaffen. Solcher versteckten Drohung und obendrein des Tempelfrevels in Delphi wegen rechtfertigt Aietes die Tötung des Phryxus; vor allem jedoch will er das Vlies und die mitgebrachten Schätze uneingeschränkt besitzen.

Die Kunde von diesem Kapitalverbrechen dringt nach, Griechenland und hat; – was einsichtig ist – alsbald Jasons Argonautenzug zur Folge. Dessen und seiner Mannen Versuch, in Kolchis das Goldene Vlies zu finden und rückzuführen, wäre wahrscheinlich gescheitert, und Jason hätte wohl das Schicksal des Phryxus teilen müssen, wäre er nicht auf die Königstochter Medea in deren Turmruine getroffen. Erst jetzt setzt eine bedeutsame Handlung ein. Leidenschaft lodert zwischen Beiden auf. Sie ruiniert Aietes auf der ganzen Linie. Denn mit Medeas Hilfe stöbert Jason das Vlies auf; die Argonauten verbringen es auf ihr Schiff. Anläßlich der Kämpfe vor deren Abfahrt verliert der König auch noch seinen in Geiselhaft genommenen Sohn. Und die Tochter Medea folgt Jason freudig nach Griechenland.

Trotz des Argonautentriumphes irrt das Paar lange in Griechenland umher, nachdem es aus Jolkos, der Heimatstadt Jasons, vertrieben wurde. Inzwischen mit zwei Kindern gesegnet, gelangen sie nach Korinth, um bei dessen König Kreon Asyl zu erbitten. Hier setzt die Ehetragödie ein, die im Grunde genommen allein die Gesamthandlung trägt. Während an jenes Goldene Vlies nur noch streiflichtartig erinnert wird.

Eine erhebliche Belastung der Ehe, und dennoch nicht deren entscheidende, ist der Ruf, der Medea als einer Zauberkünstlerin vorauseilt. Und dies nicht nur im amphiktyonischen Jolkos. Medeas königlicher Vater Aietes hat es auf die kürzeste Formel gebracht:

„Dich hat die Mutter gelehrt, aus Kräutern, aus Steinen
Tränke bereiten, die den Willen binden und fesseln die Kraft.
Du rufst, Geister und besprichst den Mond.
Einen Trank, ich weiß es, bereitest du,
Der mit sanfter, schmeichelnder Betäubung
Die Sinn' entbindet ihres Dieneramts
Und ihren Herrn zum Sklaven macht des Schlafs."

Sie selbst über sich:

„Medea will zu den Geistern rufen,
Zu den düsteren Geistern der schaurigen Nacht,
Um Rat, um Hilfe, um Stärke, um Macht."

Und so vollführt sie vor dem ihr erstmals begegnenden Jason mit einem schwarzen Zauberstab Zeichen in der Luft. Der kommt nun an das ersehnte Vlies heran, weil er den bewachenden Drachen mit einem von Medea kredenzten Zaubertrunk ausschalten kann:

„Den Becher hier nimm! / Vom König das Berges, / Dem Tau der Nacht, / Und der Milch der Wölfin / Brauset drin gegoren ein Trank."

Ihre Amme Gora warnt sie: „Wo du dich zeigst, weicht alles scheu zurück, / Ein Schrecken die Vertraute dunkler Mächte." Der jungen Kreusa erscheint sie zunächst „ein gräßlich Weib, giftmischend vatermörderisch."

Seitens des Heroldes aus Jolkos wird sie „Verruchter Künste" angeklagt. Der Zugang Medeas zur Zauberei mag eine wichtige Komponente jener Entwicklung sein, die handlungsmäßig in die Katastrophe treibt. Die Ehetragödie selbst entwächst jedoch ungeachtet aller Wechselfälle dem sich verändernden Verhalten der beiden Ehepartner zueinander. Trotz äußerer Trennung müssen hierbei beide Dramen „Argonautenzug" und „Medea" als Einheit zusammengesehen werden.

Erstmalige Begegnung in Medeas Turm. Jason: „Bist du die Zauberin?" Doch scheint nichts „zauberhaft an ihr als ihre Schönheit." Noch bevor er sich durch die ihn verfolgenden Kolcher zu den Seinen durchschlagen muß, faßt er ihre Hand und küßt sie: "Leb wohl, oh Mädchen." Sie danach zu ihrer Amme Gora: „Ich sage dir, es war ein Gott.– Es war ein Himmlischer, des bin ich gewiß." Und hellsichtig setzt sie hinzu „Heimdar war es, der Todesgott."

Medea warnt Jason rechtzeitig vor dem vergifteten Trank. „Sie ist schön.– Ein herrlich Weib mit ihren dunklen Augen!"

Und so bekennt er öffentlich seine Liebesneigung zu ihr. Sie in ihrem Gefühlsdurcheinander zu ihrem Vater: „Vertreib ihn, verjag ihn, töte ihn!" Im Kampf zwischen Kolchern und Argonauten dringt sie mit gesenktem Speer auf ihn ein. Jason bietet ihr seine freie Brust und fordert sie zärtlich auf: „Töte mich, Medea, wenn du kannst." Doch sie vermag es nicht, bleibt wie angewurzelt stehn. Eine Szene, die an Kleists Penthesilea erinnert. Er führt sie zu einer Rasenbank und haucht ihr zu:

„Ein wahres, warmes Herz schlägt dir im Busen.
Du liebst, Medea! – An deinem Beben fühl ich's.
Liebst mich. Mich, wie ich liebe. Ja, wie ich dich !"
(Regieanweisung: er zieht sie an sich; sie verbirgt das Gesicht in seinen Haaren)

Das ist nicht nur Liebe auf den ersten, sondern sich steigernde auch auf den zweiten und dritten Blick. Die Leidenschaft schlägt über ihnen zusammen. Bald wagt es Jason, sie ihrem Vater Aietes wegzureißen: „Hierher, Medea, fort von diesen Wilden! Von nun an bist du mein und Keines Anderen!" Und ihre Reaktion? Diesmal: „Vater, töt ihn nicht! Ich lieb ihn." Sie kann nicht anders, als ihm auf die Argo zu folgen. Und er reißt sie ungeachtet ihrer evidenten Zauberkünste mit sich in die Fremde. Verantwortungslos? Was Medea wirklich bevorsteht, das hat ihr Vater Aietes so ziemlich komplett in seinem hinterhergeschleuderten Fluch aufgehen lassen:

„Leben in Schmach und Schande. Verstoßen, verflucht.
Ohne Vater, ohne Heimat, ohne Götter.
Sollst in der Fremde sterben, verlassen, allein.
Folg ihm, dem Buhlen, nach in seine Heimat,
Teile sein Bett, sein Irrsal, seine Schmach!
Leb im fremden Land, eine Fremde,
Verspottet, verachtet, verhöhnt, verlacht.
Er selbst, für den du hingibst Vater und Vaterland,
Wird dich verachten, wird dich verspotten,
Wenn erloschen die Lust , wenn gestillt die Begier.
Dann wirst du stehn und die Hände ringen,
Sie hinüberbreiten nach dem Vaterland,
Getrennt durch weite, brandende Meere

Deren Wellen dir murmelnd bringen des Vaters Fluch."

Nach zehn Jahren Herumirrens inmitten Griechenlands, als dem Paar zwei Söhne heranwachsen, ist es vor den Toren Korinths soweit. Tief trifft es Medea, daß König Kreon zunächst nur Jason und den Kindern, nicht aber ihr Schutz gewähren will. Und etwas später nur unter Bedingungen.

Auch die widrigsten Begleitumstände lassen sich überwinden, wenn nur die Ehe unverändert intakt ist. Ist sie das? In „Medea", II. Akt, sie zur Königstochter Kreusa über ihn:

„Lockt es ihn nach Ruhm, so schlägt er einen tot.
Will er ein Weib, so holt er eine sich
Was auch darüber. bricht, was kümmert's ihn?
Er tut nur recht. Doch recht ist, was er will.
Du kennst ihn nicht, ich aber kenn ihn ganz.
Und denke ich an Dinge, die geschehen,
Ich könnt' ihn sterben sehn und lachen darob."

Kurz danach erfährt Kreusa von Jason über Medea:

„Ihr Anblick schnürt das Innre mir zusammen,
Und die verhehlte Qual erwürgt mich fast."

Für Medea ist Jasons rücksichtsloser Egoismus noch nicht einmal das Bestürzendste. Mehr und mehr offenbart er sich als Feigling. Insbesondere dann, wenn ihn die ehelichen Bande belasten. Nach dem Bannfluch des Amphiktyonenherolds aus Jolkos verstößt König Kreon sie aus Korinth, während er Jason mit seiner Tochter Kreusa verheiraten will. Statt nun solche schwere Belastung mit seiner Angetrauten gemeinsam zu bestehen,

gerade in solcher Situation sich klar zu ihrer Existenz zu bekennen, sagt sich Jason sogar öffentlich von ihr los:

„Laß ab von mir, du meiner Tage Fluch!
Die mir geraubt mein Leben und mein Glück.
Die ich verabscheut, wie ich dich gesehen.
Nur töricht Liebe nannte meines Wesens Ringen."

Medea voll blanken Entsetzens hält ihm vor, nur mit ihrer Hilfe bis zum Vlies in Kolchis vorgestoßen zu sein. Und dort vor allem habe er damals geschworen, sie in der Fremde nie zu verlassen. Doch was bedeutet Jason ein Schwur?

„Verhaßt war mir von Anfang an dein Wesen,
Verflucht hab ich den Tag, da ich dich sah.
Und Mitleid nur hielt mich an deiner Seite.
Nun aber sag ich mich auf ewig von dir los
Und fluche dir, wie alle Welt dir flucht."

Meisterhaft treibt Grillparzer voran den ruinösen seelischen Prozeß, der sich zwangsläufig in Medea anbahnen muß. In der nun gleichermaßen von Vater und Ehemann Verfluchten, in der beleidigend Entehrten, in der Getretenen, in ihre innere Einsamkeit unentrinnbar Zurückgestoßenen. Wie muß es diese Frau treffen, wenn Jason in seiner Feigheit ihr auch noch vorhält:

„Ich verlaß dich (ja) nicht,
Ein höh'rer Spruch treibt mich von dir hinweg.
Verdammt hat dich die Welt, verdammt die Götter,
Und so geb ich dich ihrem Urteil hin."

Sie schreit ihm ins Gesicht: „Du kanntest mich und suchtest dennoch mich". Er redet sich auf „törichte Liebe" heraus. Sie: „Du nahmst mich, wie ich war." Er: „Ich bin nicht, der ich war." Sie: „Behalt mich, wie ich bin." Er: „Du hattest nie mich. Und hast auch jetzt mich nicht." Nur zu deutlich wird ihr bewußt, für ihn nur noch ein Klotz am Bein zu sein. Zumal jetzt, da Kreusa lockend seinen Weg gekreuzt. Das Ende einer großen Liebe? War es von Anbeginn an überhaupt wahre Liebe? Oder war es nur leidenschaftlicher Sex?

Doch es kommt noch viel schlimmer. Im Einverständnis mit Jason verweist König Kreon sie des Landes, während die Kinder beim Vater und bei Kreusa verbleiben. Natürlich schlagen nun ihre Restgefühle für Jason in totale Verachtung um. Zugleich in gefährlich sich steigernden Haß. Zumal dann, wenn Kreon und Jason heuchlerische Kompromißbereitschaft signalisieren und ihr anbieten, einen der beiden Söhne mit sich nehmen zu dürfen. Man erinnere sich dabei des Salomonischen Spruches! Kreusa, die vorübergehend die Kinder betreut hat, naht sich mit diesen und berichtet Medea:

„Oh sieh, sie lieben mich, nur erst gekommen,
Als ob wir jahrelang uns säh'n und kennten.
Mein mildes Wort, den Armen ungewohnt,
Gewann mir sie, wie mich ihr Unglück ihnen."

Schon jetzt muß in Medeas Unterbewußtsein deren späterer Mordanschlag auf die Rivalin aufgedrungen sein. Kurzer Wortwechsel zwischen beiden Frauen:

Medea zu Kreusa: „Verlockst du meine Kinder? Laß sie los!"
Kreusa zu Medea: „Unselig Weib, ich halte sie ja nicht."

Als Medea auf ihre Kinder zugeht, wenden sich diese von ihr ab und flüchten sich in Kreusas Arme. Der König, Jason und die Anwesenden erkennen das als eindeutigen Götterspruch. Allein bleibt Medea zurück und kollabiert:

„Ich bin besiegt, vernichtet, zertreten,
Sie fliehen mich, fliehen!
Meine Kinder fliehen!"

Doch im gleichen Augenblick in welchem in ihr die gedemütigte Frau von der im Innersten getroffenen Mutter verdrängt wird, erwacht nun auch in ihr die alle Bindungen zerreißende, die rasende Mänade. Selbst wenn die Söhne äußerlich ihrem Vater ähneln,

„*Er* soll sie nicht haben, soll nicht!
Ich aber will sie nicht, die Verhaßte."

Doch wie das bewerkstelligen?

„So erglüht in Rache mein Herz,
Und das Entsetzlichste ist mir das Nächste."

Genial, wie jetzt Grillparzer die aus ihrer emotionalen Verankerung Gerissene in vorauseilender Planungsphantasie flüstern läßt, beginnend mit den Worten:

„Da liegen sie, die beiden – und die Braut
Blutend, tot.– Er daneben rauft sein Haar."

Darüber entsetzt sich zutiefst ihre Amme Gora. Doch Medea beruhigt sie lächelnd:

„Nur lose Worte sind es, die ich gebe,
Dem alten Wollen fehlt die alte Kraft."

Die Kraft dazu fehlt bestimmt nicht dem unverändert blutvollen Weib, der ungebrochen wildwüchsigen Tochter des Kolcherkönigs. Vor allem dann nicht, wenn wie hier – vulgär formuliert – ihr über das Herz gelatscht wird.

Schließlich setzt der König noch eins drauf: nach Jahrzehnten dürfen dann die zu gereiften Männern gewordenen Söhne ihre alte Mutter in Kolchis besuchen.

In gespielter Großmut gestattet er Medea, Abschied von ihren Kindern zu nehmen.

Der Rest ist nur noch logisch gezogene Konsequenz. Medea schickt Gora mit jenem gefährlichen Prachtgefäß – heute würde man sagen: versteckte Bombe mit eingestelltem Zünder – zu Kreusa. Sie zerreißt die Königstochter und läßt den Palast deren Vaters in Flammen aufgehen. Medea tötet ihre Kinder, holt das vergrabene Vlies und taucht nicht mehr in Korinth auf.

Im Verlauf der Schlußszene, inmitten öder Felsen, eröffnet Medea dem zu einem menschlichen Wrack denaturierten Jason, dem ehedem so grenzenlos Geliebten:

„Nicht traure ich, daß die Kinder nicht mehr sind,
Ich traure, daß *sie waren*, und daß *wir sind*."

Und unter Einbeziehung der Götter, auf die sich notfalls alles abladen läßt:

„Die wir zum Unglück uns gefunden,
Im Unglück scheiden wir. Leb wohl!"

So beeindruckend solches Ende auf der Bühne auch sein mag, ein Shakespeare hätte das Drama vermutlich mit Medeas Tötung von Jasons Hand und dessen anschließender Selbsttötung beendet.

Dennoch: Grillparzer hat den Prozeß der sich zunehmend verschattenden Seele Medeas so überzeugend abgewickelt, hierbei eine seltene Vergesellschaftung von dramatischer Spannung und psychologisierender Meisterschaft dargeboten, daß angesichts des fortgesetzten wechselseitigen Bedingungensetztens zwischen Medea und Jason zur schließlichen Katastrophe hin eine echte Shakespearsche Tragödie hervorgegangen ist.

Dies allerdings mit einer wichtigen Einschränkung: es gestaltet sich nicht tragisch, sondern nur traurig, wenn zwei Menschen aus unterschiedlichen Kultur- und Lebenskreisen aufeinandertreffen. Und Heutigen schwer verständlich, bestand während der Antike zwischen Griechen und Nichtgriechen eine undurchlässige Scheidewand. Die Griechen fühlten sich – mit welcher Berechtigung auch immer – als das normgebende Kulturvolk; die Anderen figurierten lediglich als kulturlose Barbaren. Und solche Divergenz sollte das verhängnisschwängerte Schicksal der Kolcherin Medea entscheidend mitbestimmen. Das faszinierende Mädchen in jener Turmgrotte konnte einem Jason nicht mehr dasselbe sein wie die – ja gerade ihrer barbarischen Herkunft wegen – ausgestoßene Frau in der klaren Luft Griechenlands. Der hierbei vielleicht tragischste Akzent; Jason zuliebe bemüht sich Medea, eine Griechin zu werden. Doch ihre neue Umgebung grenzt sie mitleidlos aus.

Bereits von der Sprachgestaltung her hat Grillparzer dem – von ihm so gesehenen – kulturellen Niveaugefälle Rechnung getragen: den Griechen bleibt der klassische Blankvers; die Barbaren werden durchweg auf freie Rhythmen verwiesen.

Eine die vorangegangene „Sappho" über weite Strecken hin auszeichnende hymnische Jambenpracht ist im „Goldenen Vlies" arg geschrumpft. Monologisierende Partien wie Jasons Liebesbekenntnisse in den „Argonauten" oder Medeas Racheimpulse gegen Schluß ändern nicht viel daran. So hochdramatisch sich auch das Geschehen abwickelt, die poetische Sprachmeisterung etwa eines Goethe wird nicht erreicht.

Von der Gesamtkonzeption her verunglückt ist Grillparzers Funktionszuweisung an das Goldene Vlies. Das ja schließlich dieser Trilogie den Namen gegeben hat.

Nur torsohaft enthüllt sich dessen eigene Vorgeschichte. Das Vlies ist das goldgewirkte Fell eines Widders, auf dem sich einst die Königskinder Hella und Phryxus vor feindlichen Nachstellungen retten konnten. Der Widder wurde in Kolchis geopfert. Sein Fell wurde um die Schultern der delphischen Götterstatue des Peronto gelegt. Dort der Diebstahl. Sein Verbringen nach Kolchis. Der Raubmord. Sein Verbleib in Medeas Turmgrotte. Das alles bewirkt keine echte dramatische Exposition. Nicht einmal dessen Rücktransport zu Schiff nach Hellas. Nur: anlässlich der glücklichen Auffindung des Vlieses kommt es zur schicksalshaften Begegnung Medea-Jason. Erst sie schafft Spannung in den „Argonauten". Während des letzten und zugleich längsten und mit Abstand auch bedeutendsten Trilogieteiles „Medea" entgleitet dem Vlies auch noch der letzte Rest an funktionaler Bedeutsamkeit.

Schauspielbesucher wollen inmitten eines Theaterrundes sich gleichsam einem Kreis mit einem Zentrum und nicht einem Oval mit zwei Zentren gegenübersehen. Das Vlies und die Medea in eine Dichtung zusammenzuzwingen, das konnte auch bei trilogischer Erweiterung nicht gutgehen. Ein Jahr nach der Uraufführung (1622) erkannte das der inzwischen hellwach gewordene Grillparzer schließlich selbst: „Das Vlies begleitet sinnbildlich die Begebenheiten, ohne sie zu bewirken." Deutlicher: „Ist aber die Darstellung dieses geistigen Mittelpunktes nicht gelungen – und so scheint es mir –, so kann das Gedicht als Ganzes freilich nicht bestehen".

Das Vlies etwa nur ein Symbol? Für was dann? Der Dichter in seiner Selbstbiographie: „Ich fühlte, daß ich meine Kräfte überschätzt hatte."

1822 spricht er sich noch Mut zu: „Aber die Teile wenigstens werden noch lange dessen harren, der's besser macht." Solchen Hoffens und Harrens bedarf es nicht, wenn die Konzentrierung auf den einzig möglichen Schwerpunkt gelingt. Das soll freilich nicht heißen, jetzt nur noch den dritten Teil „Medea" aufzuführen. Denn deren tragödiale Entwicklung ist – wie leicht einzusehen – ohne die frühere Begegnung Medea-Jason im Zauberturm von Kolchis nicht zu verstehen. Während die „Argonauten" ihrerseits ohne einen vorgeschalteten „Gastfreund" – etwa zu ersetzen durch ein Kurzreferat gleich zu Beginn – für sich auch dann noch einsichtig bleiben. Bei totalem Wegfall jener ersten beiden Teile entsteht jedoch eine unausfüllbare Verständnislücke. Die auch der neue Burgtheaterdirektor Heinrich Laube, dem die spätere „Rehabilitierung" Grillparzers auf der Bühne vor allem zu danken ist, sogleich erkannte: „Es blieb nun freilich unklar, auf Kosten der Dichtung, woher denn wohl die Neigung Jasons stammte."

Das heikle Problem bekommt man nur in den Griff – und dramaturgische Lösungsversuche in diese Richtung existieren bereits –, wenn ein auf das Wesentliche zusammengestrichener „Gastfreund" in einem kürzeren 1. Akt, das weit bedeutsamere Geschehen um Jasons und Medeas leidenschaftliche Erstbegegnung ebenfalls in Kolchis in einem längeren 2. Akt aufgeht. Nach der großen Pause des Theaterabends läßt sich dann problemlos all das auf die restlichen drei Akte kürzend verteilen, was bisher von streckenweise sinnlos ausufernden fünf Akten aufgefangen werden musste. Daß dann das nur noch an einem einzigen Theaterabend aufgeführte Gesamtdrama nur „Medea" heißen kann, versteht sich von selbst.

Die soeben erwähnten Kürzungen dürften nicht sonderlich schwer fallen. Denn eine Reihe von Geschehnissen – falls sie überhaupt ins Gewicht fallen – werden den Theaterbesuchern überhaupt nicht anschaulich präsentiert, vor allem die in Jolkos, sondern werden gleichsam in Rückblendereferaten nachgeschoben. Was dann den Handlungsablauf nicht nur hemmt, sondern der Konzentrierung auf das Aktionswesentliche Abbruch tut.

Auch im vorliegenden Fall war den zahlreichen zeitgenössischen Kennern der Antike in Wien das singuläre Los der Titelheldin ähnlich dem der Sappho vertraut. Grillparzer konnte schöpfen aus dem gleichnamigen Drama des Euripides, dem des Seneca, aus Ovids „Metamorphosen", dem Argonauten-Epos des Apollonius von Rhodos, der kaum ein Halbjahrhundert zurückliegenden „Medea" des Friedrich Wilhelm Gotter, zu deren Uraufführung 1775 immerhin ein Georg Benda die Bühnenmusik geliefert hatte. Und Cherubinis Erfolgsoper gleichen Titels (1797) stand damals immer noch auf den Spielplänen.

Die Niederschrift der Trilogie erfolgte zwischen September 1818 und Dezember 1819. In jene Zeit fiel die Selbsttötung der Mutter, aber auch die leidenschaftliche Liaison mit Charlotte von Paumgarten, deren problematische Wirrnis sich partiell im Verhältnis Jason-Medea spiegelt.

Die Uraufführung im Wiener Burgtheater am 20./21.März 1821 erbrachte einen Erfolg, jedoch keinen durchschlagenden. Der darob enttäuschte und leicht verbitterte Dichter mochte vielleicht zunächst irrtümlich des Glaubens sein, daß er die brüchige Figur des Jason nicht zum Heroischen hin aufgebaut hatte.

Noch beeindruckender jedoch als die Sappho offenbarte sich die Medea schnell als eine Paraderolle für Heroinen. Sophie Schröder setzte Maßstäbe. Nach ihr Charlotte Wolter. Fanny Janauschek verkörperte die Medea 1867 erstmals in New York. Meistens wurde diese Rolle in allen drei Teilen von der gleichen Schauspielerin übernommen. Doch bekam mitunter eine jüngere die Argonauten-Medea, eine reifere die korinthische Medea zugewiesen. So oder so, fast durchweg wurde die Darstellerin der Titelheldin für ihre gezeigte Leistung stürmisch umjubelt. Das Singuläre dieser Rolle kennzeichnete der achtzigjährige Grillparzer mit den Worten: „Eine Steigerung der Leidenschaften, welche bis zur Entmenschung, zur viehischen Raserei ausartet, wo die Tigerin ihre Jungen zerfleischt."

Dennoch: die Theaterspielpläne des ausgehenden 20.Jahrhunderts ließen selbst eine Medea mehr und mehr in Vergessenheit geraten. Der Grund dafür wäre eine eigene Untersuchung wert.

3. Des Meeres und der Liebe Wellen.

Unter der Aufsicht des strengen Oberpriesters am Aphroditetempel zu Sestos wird seine junge Nichte Hero zur Priesterin geweiht. Was sie in Zukunft zur

Keuschheit und Ehelosigkeit verpflichtet. Während der Weihehandlung begegnet ihr Blick dem des angereisten Jünglings Leander, was sie für einen kurzen Moment verunsichert.

Im weiteren Verlauf jenes Tages treffen in dem für sie verbotenen Tempelhain Leander und sein Freund Naukleros zufällig auf die wasserholende Hero. Der eher schwermütig verträumte Leander läßt sich Hero gegenüber schließlich zu einer Liebeserklärung hinreißen. Hero weist ihn zurück und vermag gegenüber dem hinzukommenden Oberpriester die Anwesenheit der beiden Fremden mit Müh und Not nur dadurch zu rechtfertigen, daß sie dem angeblich in Krankheit verfallenden Leander Wasser zu trinken gibt.

Zur Nacht hin weist der Oberpriester seine Nichte in ein Turmgemach mit Aussicht auf das Meer als ihre neue Wohnstätte ein. In aufsteigender Unruhe kann Hero den Leander nicht vergessen. Nachts steht dieser plötzlich in ihrem Gemach. Auch jetzt noch bleibt sie standhaft und weist ihn ab. Doch sie verbirgt ihn vor den mißtrauisch suchenden Tempelwächtern und küßt ihn schließlich, als ihr so recht zu Bewußtsein kommt, daß Leander ihretwegen von Abydos aus den Hellespont unter Lebensgefahr durchschwommen und anschließend das steile Turmgemäuer erklommen hat, stets Heros angezündete Lampe im Turmfenster als sein so ersehntes wie richtungsbestimmendes Ziel im Blick.

Obwohl es Leander am Folgetag gelingt, der Tempelwache zu entkommen und von Sestos nach Abydos zurückzuschwimmen, schöpft der Oberpriester auf Grund deren Berichtes jetzt Verdacht und beschließt, ein weiteres Treffen Heros und Leanders im Turm ein für allemal zu verunmöglichen. Da die übermüdete Hero zu Beginn der nächsten Nacht vor ihrem Turm eingeschlummert ist, gelingt es – von ihr unbemerkt – dem Oberpriester, die Lampe im Turmfenster zu löschen. Dadurch verliert der in der Nacht erneut anschwimmende Leander die Orientierung und ertrinkt im zudem noch besonders hohen Wellengang des Hellespontes.

Tags darauf verbietet der Oberpriester seiner Nichte, die angeschwemmte Leiche ihres Leander in Sestos zu bestatten oder hinüber nach Abydos zu begleiten. Von grenzenlosem Schmerz überwältigt stirbt Hero auf den Stufen des Tempels.

Bei solchem Handlungsverlauf darf auch unter psychologischen Gesichtspunkten gefragt werden, wie Hero in ihre Katastrophe hineingeraten konnte. Hierbei wird oft der Ausgangspunkt übersehen.

Die junge Hero wollte aus einem mehr oder weniger unerträglichen Familienleben ausbrechen: ein rabiater, gewalttätiger Vater, ein unangenehm fieser Bruder, eine weinerlich schwächliche Mutter. Doch wohin dann außerhalb solchen Familienverbandes? Dem die Tochter „aus dem Willen zur Selbstbewahrung, aus der verletzten Scheu" lieber heute als morgen entrinnen möchte? Der Onkel fungiert als Oberpriester des Aphroditetempels zu Sestos; aus der Sippe sind seit eh und je priesterliche Aspiranten hervorgegangen. Auch deshalb will sich nun das unerfahrene Mädchen Hero „dem Dienst der hohen Himmlischen" weihen. Ihren Entschluß begleitet sicher auch Eitelkeit. Die Mutter erfährt von ihr:

„Und siehst du erst den Schmuck, die reichen Kleider,
Und was man all mir Herrliches bereitetet."

Prunkgewand und stolze Kopfbinde! Tempeldienst inmitten einer andächtig staunenden Bevölkerung! Wenn eine Priesterin zu Flötenmusik Opferrauch ausschwenken darf, an den Altären mit Weihrauchgefäßen hantiert, öffentliche Gebete mit beeindruckender Gestik an die Götter sendet! Der damit verbundene gesellschaftliche Aufstieg widerstreitet ganz gewiß nicht eitlem Verlangen. Heros Dienerin Janthe bringt es auf den Punkt:

„Wir sind gemeines, niederes Volk.
Du freilich, aus der Priester Stamm entsprossen ...
Und zu Höherem bestimmt."

Doch der Status der Priesterin besitzt eben auch seine Kehrseite: das Gelübde der Keuschheit und der Ehelosigkeit. Solcher Kehrseite ist sich Hero durchaus bewußt. Ihr Oheim, der sie alsbald straff reglementierende Oberpriester, weist sie deutlich genug auf solche höchstpersönliche Problemlage hin: „Ein einsam Leben harrt der Priesterin" inmitten von anstrengendem, den Tagesablauf ausfüllendem Tempeldienst mit seinen „heiligen Pflichten." Das ist noch das Wenigste. „Doch kommt die Zeit und ändert Mensch und Neigung." Als der Oheim sie zu Beginn des III. Aktes in ihr künftiges, kärglich ausgestattetes Turmzimmer einweist, überdeckt seine Mahnung kaum noch eine verklausulierte Drohung:

„Und so schlaf wohl! Bedarfst du irgend Rat,
Such ihn bei mir, bei deinem zweiten Vater!
Doch stießest du des Freundes Rat zurück,
Du fändest auch in mir den Mann, der willig

Das eigene Blut aus diesen Adern gösse,
er nur einen Tropfen in der Mischung,
Der Unrecht birgt und Unerlaubtes hegt."

Hero ist oder wird sich dessen durchaus bewußt, wenn sie nach dem „frostigen Tag" (Naukleros), „der sie auf ewiglich verschließt der Liebe", an dem sie gelobt , „dem Manne sich auf ewig zu entziehen", die Werbung des Leander im II. Akt entschieden zurückweist:

„So scheint es, daß du mein mit Neigung denkst.
Ich aber bin der Göttin Priesterin
Und ehelos zu sein heißt mein Gelübd' ...
Denn gattenlos zu sein, heißt auch mein Dienst.
Noch gestern, wenn Ihr kamt, da war ich frei.
Doch heut' versprach ich's und ich halt es auch."

Noch in der Turmszene des III. Aktes versagt sie sich Leander und schickt ihn zurück:

„Ich bin verlobt zu einem strengen Dienst,
Und liebeleer heischt man die Priesterin.
Ehgestern, wenn du kamst, war ich noch frei,
Nun ist's zu spät. Drum geh und komm nicht wieder!"

Jene scharfe, schicksalsbestimmende zeitliche Zäsur der Priesterweihe gibt der oberpriesterliche Oheim auch Heros Mutter mit; Nachdruck zu bedenken:

„Was braucht die Göttin dein und deines Kindes?
Geh hin und bette sie in Niedrigkeit,
In der du selbst, dir selbst zur Qual dich abmühst.
Sie sei die Magd, des Knechtes, der sie freit ...
Sie ist frei, hier nimm sie!
Bist du die Mutter doch! Du. Hero folge!
Die Torheit ruft. Folg ihr als Mensch, als Weib!"

Und zu Heros Vater, seinem Bruder:

„Wüßt ich sie schwach, noch jetzt entließ ich sie."

Doch Hero ekelt Mutters Wunschthese an:

„Das Weib ist glücklich nur in Gattenhand."

Um keinen Preis will Hero zurück in eine solche gestörte Familie oder im Verbund mit jener sich ihrerseits eine eigene aufbauen. So wird man dem Oberpriester nicht vorwerfen dürfen, er habe seine Nichte nicht hinreichend vor dem Priesteramt gewarnt. Doch nach der Weihe nagelt er sie mit brutaler Unerbittlichkeit auf selbiges fest. Jetzt ist das Amt nicht mehr für den Menschen, sondern der Mensch für das Amt da.

Grillparzer ist darum zu bewundern, daß und wie er die Vorgegebenheiten aus dem Stoff geradezu herausgemeißelt hat, die im Fall eines Falles in ihrem Zusammenwirken zwangsläufig in eine Katastrophe münden müssen.

Und ein solcher Fall, sollte er eintreten, beruht dann auch noch auf einem Verstoß gegen die Mißachtung der Naturgesetze. Gelübde hin, Gelübde her, die kreatürliche Sehnsucht nach erfüllter Lebenspartnerschaft wohnt jedem nichtdegenerierten Menschen inne.

Der Fall tritt ein, als sich die aus Abydos angereisten Freunde Leander und Naukleros unter das andächtig versammelte Volk von Sestos anläßlich Heros Priesterweihe mischen. Mit sicherer Hand führt Grillparzer die Beiden, Hero und Leander, voller Bedacht zueinander.

Naukleros teilt dem Freund seine präzise Beobachtung des „frostigen" Morgens mit:

„Und sie nun kam, des Opferrauchs zu streuen,
Da stockte sie, die Hand hing in der Luft;
Nach dir hin schauend, stand sie zögernd da, ...
Allein noch scheidend sprach ein tiefer Blick."

Die Reaktionen auf solch ersten Blickkontakt sind bei Grillparzers Protagonisten und in Shakespeares berühmtester Liebestragödie höchst unterschiedlich. Julia bei Romeos erstmaligem Anblick (I/5):

„Ist er vermählt,
So sei das Grab zum Brautbett mir erwählt."

Kurz darauf (II/2) Romeo zu der ihm begegnenden Julia im Blick auf deren sie gnadenlos bewachenden, ihm feindlich gesonnenen Vettern:

„Liebst du mich nicht, laß sie nur mich finden!
Durch ihren Haß zu sterben, wär mir besser,
Als ohne deine Liebe Lebensfrist."

Solch eindeutig spontane Bekenntnisse verbietet zum einen das Zeremoniell der Priesterweihe, verhindert zum anderen Leanders Image.

Der Fremde aus Abydos fällt der Dienerin Janthe noch vor dem eigentlichen Weiheakt auf: „Der Braune scheint betrübt. Was fehlt ihm nur?" Heros Erscheinung hat den ohnehin in leichten Trübsinn Verfallenen noch mehr in sein Inneres zurückgeworfen. Ihn, den seiner Attraktivität wegen die Mädchen „beim Fest, bei Spiel, bei Tanz ... verschlingen", wie Freund Naukleros etwas neidisch sich eingestehen muß. Doch warum ist Leander jetzt nach jenem ersten Blickkontakt besonders „furchtsam, töricht, blöd"? Er gesteht dem Freund:

„Ich bin krank. Es schmerzt die Brust.
Laß mich! Und quäl mich nicht! Und sprich nicht ohne Achtung
Von ihrem Hals und Wuchs! Oh, ich bin dreifach elend."

Umgehend stellt Naukleros die richtige Seelendiagnose:

„Leander? Elend? Glücklich! Bist verliebt!
Ein Tor bist du, doch ein beglückter Tor!
Nun, Götter, Dank, daß ihr ihn heimgesucht."

Dank den Liebesgöttern! Und so läßt es Naukleros die mit einem Wasserkrug im Tempelhain angelangte Hero später wissen:

„Ich sagt es ja, er hängt an deinem Blick.
Und Tod und Leben sind ihm deine Worte."

Und etwas – wenn auch feinfühlig-diplomatisch – nachdrücklicher auf der Ruhebank zu Dritt:

„So gib ein Wort ihm mindestens, das ihn hält! ...
Tu's aus Erbarmen mit des Jünglings Leiden!"

Als Hero mit resignierendem Unterton erklärt, gestern wäre sie für einen um sie Werbenden wie Leander noch frei gewesen, bricht bei diesem das in der Tiefe krampfhaft niedergehaltene wahre Temperament in einem vulkanischen Ausbruch nach oben:

„So möge denn die Erde mich verschlingen,
Sich mir verschließen all, was schön und gut,
Wenn je ein andres Weib und ihre Liebe ..."

Und er stürzt zu ihren Füßen: „Oh himmlisch Weib!"

Stunden später, als der Oberpriester seiner nun geweihten Nichte das Turmgemach als nunmehrige „stille Wohnung" zuweist, fällt ihm auf, daß sie in ihrer neuen Würde keineswegs von freudiger Erregung heimgesucht wird: „Und statt entzückt, find ich dich stumm und kalt." Hero wiegelt ab: „Wir sind nicht immer Herr von Stimmungen" doch deren wahren Grund verschweigt sie dem Oheim gegenüber, sie, die ihm bisher alles offen bekannte.

Hero, nun allein in ihrem Turm, dessen Gemach nur eine ins Fenster gestellte Lampe schwach erleuchtet, findet auch noch um Mitternacht keine innere Ruhe. Das offenbart sie besonders am Ende ihres Monologes:

„Gedanken, bunt und wirr, durchkreuzen meinen Sinn ... .
Ja denn, du schöner Jüngling still und fromm,
Ich denke dein in dieser späten Stunde."

In diesem Augenblick erscheint Leander am Fenster, nachdem er die gefährliche Turmmauer durchklettert:

„Ich sah dein Licht
Mit hellem Glanze strahlen durch die Nacht.
Auch hier war's Nacht und sehnte sich nach Licht,
Da klomm ich denn herauf."

Beide ahnen zumindest eine wechselseitige intensive Zuneigung zueinander, auch wenn das zunächst noch nicht offen eingestanden wird. Doch ihn hat der Eros bereits abrupt erfaßt, sie wird von ihm erst allmählich heimgesucht. Dann aber unumkehrbar. Und wieder ist anläßlich der Gefühle aufbrechenden Begegnung dieser beiden jungen, noch kindlich unschuldigen Menschen Grillparzers so einfühlsame Charakterisierungskunst zu bewundern.

Aus Heros Angst, Leander könnte von der Wache ergriffen werden, ist die aufdringende Zuneigung deutlich herauszuspüren. Nicht nur sie befindet sich beim Entdecktwerden in Gefahr, er nicht minder. Und er weiß das auch. Freund Naukleros hat ihn bereits vorgewarnt:

„Und streng ist, was ihr droht, wenn sie's vergaß,
Und was dem Manne, der's mit ihr vergessen."

Noch deutlicher die Vorwarnung, die Leander erst vor Stunden im Tempelhain aus Heros eigenem Munde vernommen:

„Auch nicht gefahrlos ist's, um mich zu freien.

Dem drohet Tod, der des sich unterwunden."

Und der sie dort überraschende Oberpriester kündigt vor allem Leander härteste Strafe an, sollte er noch einmal den heiligen Tempelbezirk betreten. So wissen denn Beide, was auf sie zukommen kann. Und was sie ungeachtet oder gerade angesichts der Drohung dennoch immer mehr verbindet. Hero kippt noch einmal in ihrem Gefühlsstau:

„Entsetzlicher! Verruchter!
Was kamst du her? Nichts denkend als dich selbst,
Und störst den Frieden meiner stillen Tage,
Vergiftest mir den Einklang dieser Brust?
Oh hätte doch verschlungen dich das Meer!"

Spätestens hier muß sich der Theaterbesucher über die Topographie jenes „Meeres" klarwerden. Etwa mit Hilfe von Schillers Ballade (1801) Hero und Leander:

„Wo der Hellespont die Wellen
Brausend durch der Dardanellen
Hohe Felsenpforte rollt."

Schnell wird Hero bewußt, daß Leander sein Leben einsetzt, wenn er durch jene Meeresenge zu ihr schwimmt. Schiller:

„Dort auf Sestos' Felsenturme,
Den mit ew'gen Wogensturme
Schäumend schlägt der Hellespont,
Saß die Jungfrau einsam grauend,
Nach Abydos' Küste schauend"
Wo der Heißgeliebte wohnt."

Auch Leander weiß „Ich muß zurück durch's brandend wilde Meer". Das nächste Mal will sich Hero mit ihm statt in gefährlicher Turmhöhe unten am Küstenstreifen von Sestos treffen: „Nun denn, du holder Bote, komm denn, kommt!" Immer bedrohlicher dringt in Beiden unbändige Leidenschaft auf, wenn auch noch mit Widerhaken. Sie verbirgt ihn vor der Wache. Ihre natürliche Mädchenscheu schwindet unmerklich dahin; das „wilde Mädchen" erwacht in ihr; die Kreatürlichkeit fordert ihr Recht; die bedrohliche Erscheinung des rigorosen Oheims löst sich wie in Nichts auf.

Leander will sie umfassen. Aus Angst vor sich selber läßt Hero es nicht zu. Er will sie küssen. Noch einmal weist sie ihn zurück. Er in tiefer Betroffenheit: „Ich in Gefahr und Tod, du immer weigernd?" Erst da bricht ihre letzte Hemmung weg; sie küßt ihn.

Diese vielgerühmte Liebesszene, eine besondere psychologische Meisterschöpfung das Dichters, – einem Kleist, doch nicht einem Schiller zuzutrauen – läßt sich trotz manch ähnlicher Ingredienzien mit der Balkonszene in Romeo und Julia nicht vergleichen, von der Lessing meinte, nicht Shakespeare habe sie geschrieben, sondern die Liebe selbst. Denn hier fasziniert das dem Bewußten Vorangehende, dort das ihm Nachfolgende.

Am Folgetag kann unter den Insassen des Tempelbezirks der Besuch Leanders bei Hero nicht bewiesen, nur vermutet werden. Doch das genügt dem ohnehin schon mißtrauischen Oberpriester, den tollkühnen Leander aus dem Verkehr zu ziehen, um seine Nichte Hero – so wie er es versteht – in ihrem Priesterstatus zu retten. Er begreift, daß es die Fackel im Fenster von Heros Turmzimmer ist, die Leander die nötige Orientierung auf der gefährlichen Schwimmstrecke ermöglicht. Und zwei unerwartete, ihm günstige Begleitumstände bieten sich an: für die nächste Nacht ist hoher Seegang vorausgesagt. Und die von der letzten Nacht her übermüdete Hero schläft in der Abenddämmerung statt oben im Gemach unten vor dem Turm ein. So vermag der Oberpriester ungesehen in deren Gemach einzudringen und die Lampe zu löschen. Der in der Nacht herauschwimmende Leander kann deshalb das rettende Ufer nicht mehr erreichen: klare Kausalitätskette! Schiller beschreibt den Hellespont in jener Unglücksnacht so:

„Gähnend wie ein Höllenrachen
öffnet sich der Meere Grund.
Und hinab in ihre Schlünde
Reißt ihn die empörte Flut."

Allerdings nun abweichend von Schillers Lesart:

„Und im Turm erlöscht die Fackel,
Die des Pfades Leuchte war"

ersetzt hier bei Grillparzer das verbrecherische Handeln des Oberpriesters die Folgewirkung des tobenden Elementes. Der kann mit seinem Taterfolg zufrieden sein: „ ... leg ich die Schlingen aus, / Die ihn verderben." Am Morgen wird denn auch die an Sestos' Gestade angespülte Leiche Leanders entdeckt; der Rest ist Heros Trauer an seiner Bahre.

Strafrechtlich gesehen hat der Oberpriester nicht nur Tötung begangen, sondern darüber hinaus glattweg Mord. Zwar hat er nach allgemein sittlicher Anschauung nicht verachtenswert oder gar zum eigenen Nutzen eigensüchtig gehandelt, wohl aber heimtückisch und grausam bei hohem Intelligenzquotienten.

Die Liebesnacht hat Hero verwandelt. Durch jenes in glückseligen Rausch hineingesteigerte Erlebnis ist Hero zum Weib erwacht und nun auch unverrückbar bereit, ihre Zwänge als Priesterin abzuwerfen, die für sie zu Ketten geworden sind. Sie wächst über sich hinaus. Noch vor dem Empfang der Todesnachricht fällt auf, daß sie einen Befehl des Oberpriesters mißachtet: „Ich denke, künftig selbst mir zu gebieten." Dabei in Angst um ihren Leander:

„ein Tag in Angst und Wachen,
Das liegt wie Blei auf meinem trüben Sinn.
Und doch ein lichter Punkt in all dem Dunkel.
Er kommt. Gewiß? Nur noch dies eine Mal!"

Jetzt erweist sich Hero im Dialog als viel redegewandter, selbstsicherer, frei von Unterwürfigkeit. Der Oheim bemerkt es: „Du bist gereift". Als sie dann schließlich in ihm Leanders Mörder erkennt, schreit die vormals so zurückhaltend Sittsame ihre hemmungslose Anklage ihm ins Gesicht. Seine Weigerung ihr gegenüber, Leander auf Sestos bestatten zu lassen oder ihn auf seiner letzten Fahrt zurück nach Abydos begleiten zu dürfen, treibt sie mit zerrissenem Herzen in die resignative Aussichtslosigkeit und löst schließlich ihren Exitus letalis aus. Paradoxerweise den einer Priesterin ausgerechnet im Heiligtum der Liebesgöttin Aphrodite vor den Bildsäulen Amors und des blondgelockten Hochzeitsgottes Hymenäus. Wie gespenstisch doppeldeutig muß da Heros anfängliches Bekenntnis klingen: „Die Göttin hat das Herz mir umgewandelt!"

Ja, dieser Mörderonkel! So hervorragend dessen Charakterisierung Grillparzer auch gelungen sein mag, so sehr gewann er gerade ob dieser Gestalt im 4./5. Akt die „Überzeugung von Kompositionsfehlern" im Nachhinein. Hätte Hero nicht doch wie weiland Sappho gegen die unschuldige Melitta den Dolch gegen den alles andere als schuldlosen Oberpriester zücken sollen? Der obendrein das von ihm verübte Verbrechen bequemerweise als Gehorsam vor dem Willen der Götter rechtfertigte? Wäre nicht ein Shakespeare so verfahren? Um nach dem

Rachevollzug unmittelbar anschließend die schmerzerfüllt Liebende sich über der Bahre Leanders selbst entleiben zu lassen? Das tiefe Unbehagen darüber, daß der in seine hierarchisch-disziplinäre Ordnungsvorstellungen verrannte und elementares Menschenrecht mit Füßen tretende Oberpriester so ungeschoren davonkommt, erfaßte auch schon die Theaterbesucher anläßlich der Uraufführung des Stückes am 5. April 1831 im Wiener Burgtheater. Dieses mußte nach vier Vorstellungen vom Spielplan abgesetzt werden. Über jene Schwachstelle vermochte auch nicht die spätere (1851), insgesamt sehr erfolgreiche Neuinszenierung Laubes hinwegzutäuschen. Aber ist das denn überhaupt eine Schwachstelle? Von vornherein hatte Grillparzer einen Sühnevollzug an dem Oberpriester überhaupt nicht ins Auge gefaßt. Ihn beschäftigte vielmehr nur Heros Ende: „Sich wieder ins Wasser stürzen lassen wie die Sappho, mag ich sie nicht; auch liegt schon der Leander darin. Vor dem Sich-Erstechen hab ich aber eine Abneigung. Leben bleiben kann sie (aber auch) nicht. Folglich muß sie sterben, so oder so" (1832 zu Bauernfeld). Und auch später hat er die Art und Weise von Heros Hinscheiden verteidigt.

Darin sollte dem Dichter gefolgt werden. Die zauberhaft verhaltene und schließlich entrückte Stimmung mit ihrer unvergleichlichen, melodramatisch zartbesaiteten Grundmelodie verträgt keine blutige Ahndung.

In dieselbe hineingebettet bei zwingendem Szenenaufbau eine nachtwandlerisch sichere Führung der handelnden Personen, eine höchst beeindruckende Abfolge der Geschehnisse. Und dann eben doch wieder trotz gelegentlicher Wortholperei eine hochpoetische Sprachkunst in Blankversen. Zuletzt anläßlich des besonders ergreifenden Abschiedes Heros von Leanders Leichnam.

Dieses einzigartige Verschmelzen von Sinnlichem und Seelischem, ungeachtet der damaligen Liaisons mit Marie Daffinger und Kathi Fröhlich reflektierend die Sehnsucht des Dichters nach solch erfülltem Liebesglück im realen eigenen Leben, das ihm nie zuteil wurde, hat denn auch letztlich über den Welterfolg des Stückes entschieden.

Grillparzer, der das Lied von Hero und Leander seit 1819 zu konzipieren begann, hierbei Vergil, Ovid und eine Elegie des spätgriechischen Poeten Musaios einbezog und es schließlich zwischen 1826 und 1829 niederschrieb, erklärte es schließlich auch zur Favoritin unter seinen Tragödien. Und das mit Recht! Was deren Betitelung betraf, so äußerte er einmal: „Mir lag daran, gleich von vornherein anzudeuten, daß die Behandlung, obgleich mit antiker Färbung, doch romantisch gemeint sei. Es war überhaupt ein Versuch, „beide Richtungen zu vereinigen." Romantik aber wohl nicht als literaturhistorischer Epochenbegriff. Vielmehr in übertragenem Sinn mag auch hier die Erkenntnis von Novalis gelten: „Alle Romane, wo wahre Liebe vorkommt, sind Märchen." Und genau das ist es, was auch Grillparzers anrührendste Bühnenschöpfung im Kern trifft.

Kein mitfühlendes menschliches Herz wird sich entziehen können dem Zauber und der schließlichen Erschütterung, die das schmerzlich süße Zueinander von Hero und Leander auslöst. Und über Beiden jene Turmlaterne, die „mit hellem Glanz" weit hinausstrahlt über die anbrandenden Wogen des nächtlichen Hellespontes.

B) DIE VATERLÄNDISCHEN DRAMEN

Etwa ein Jahrzehnt hindurch hatte sich Grillparzer mit seinen drei klassizistischen Musenkindern beschäftigt und deren Stoffliches aus der griechischen Antike bezogen. Bereits in der Mitte jenes Jahrzehntes warf er sein Augenmerk auf Sujets, die sich letztendlich mit der Habsburger Monarchie beschäftigen.

Als Dichter wußte sich Grillparzer im deutschen Kulturraum fest verwurzelt, politisch jedoch als Bürger des Habsburger Vielvölkerstaates. Solch innerer Zwiespalt verfestigte sich, als er im Laufe seines langen Lebens, spätestens nach der Schlacht von Königgrätz 1866 erkennen mußte, wie jenseits der rotweiß-roten Grenzpfähle die anderen deutschen Länder zu einem imposanten Reich zusammenwuchsen, wie andererseits die Habsburger Monarchie trotz effektiver sich vereinheitlichender Bürokratie ständig darum besorgt sein mußte, daß Tschechen, Südpolen, Ungarn, Italiener nicht aus ihrem Herrschaftsbereich eines Tages ausbrechen würden. Daß die katholische Kaiserkrone über Wien nicht für alle Zeiten die verschiedenen Völker unter ihrem fragwürdigen Glanz zusammenhalten könnte.

Seiner Metropole Wien blieb Grillparzer über acht Jahrzehnte hinweg in unerschütterlicher Verbundenheit trotz aller erlittener Bitternisse erhalten. Der bereits namhafte Dramatiker notiert am 14.5.1822 in sein Tagebuch: „Hierlandes scheint kein Platz für mich zu sein. Und doch wollte ich lieber alles tun und leiden, als es je verlassen." Das erinnert ein wenig an den „Armen Spielmann."

Jedenfalls fühlte er sich jeden Zolls als Österreicher. Und als Dichter seines Landes geradezu berufen, die habsburgische Kaisermacht zu stabilisieren, wo auch immer eine sich passende Gelegenheit dazu bot. Dabei war er in manchem mit der vormärzlichen Regierungsweise des Fürsten Metternich durchaus nicht einverstanden und empfand namentlich dessen Pressezensur als lästig. Und es mußte ihn ergrimmen, wenn er nach abendlichen Zusammenkünften mit Geistesbrüdern in der sogenannten Ludlamshöhle seitens der Geheimpolizei zeitweise als verdächtig überwacht wurde. Doch unverrückbar blieb er ein konservativ Kaisertreuer, abhold allen Demokratisierungsbestrebungen und Umsturzversuchen. Das zeigte sich dann ganz eindeutig anläßlich der Wiener Märzrevolution 1848, in deren Gefolge er den in Oberitalien siegreich gebliebenen Feldmarschall Radetzky mit einer hochgestimmten Ode feierte. Und nur als Ordnungsapologet vermochte er sein Österreichertum so richtig auszuleben.

Mehr oder weniger, eher mittelbar als unmittelbar, wird der bewahrende Ordnungsbürger in allen vier vaterländischen Dramen erfahrbar. Mit seiner Angst vor dem Zerfall der Habsburger Monarchie, mit seiner Skepsis in der Nationalitätenfrage. Dann aber auch in seinem Hintergrundbewußtsein, daß der ideologische Widerstreit zwischen spanisch gefärbtem Katholizismus, Klerikalismus, reaktionären Denkkategorieen einerseits und Protestantismus, Aufklärung und Josefinismus andererseits in seinem Österreich noch längst nicht beigelegt war.

Doch sollten jene Problematiken auch nicht überbewertet werden. Fast zutreffend formulierte es Thomas Mann in seiner „Huldigung für Grillparzer" im Jahre 1922 so: „Ein Norddeutscher schreibt diese Zeilen zum Andenken eines Dichters, auf dessen deutschem Werk der Schmelz des Österreichertums schimmert."

1. König Ottokars Glück und Ende.

Der kriegerische, gewalttätige Ottokar, König von Böhmen und Mähren, hat sich Österreich, Steiermark und Kärnten unterworfen. Den Ungarnkönig Bela hat er zwar auf dem Schlachtfeld besiegt, will jedoch dessen junge Nichte zur neuen Königin. Da steht ihm die bisherige ältliche Königin Margarethe aus Österreich im Wege; er läßt sich von ihr scheiden und schickt sie aufs Altenteil. In seiner Überheblichkeit verprellt er die Gesandten der deutschen Reichsversammlung die ihm die deutsche Königskrone/ Kaiserkrone antragen wollen. Daraufhin kürt das Wahlgremium zum deutschen Kaiser den Grafen Rudolf von Habsburg, der bisher in Ottokars Heer mitgefochten hatte. Das mächtigste Geschlecht in Ottokars Stammlanden, die Rosenbergs, macht sich der König dadurch zum Feinde, daß er die Rosenbergtochter Berta nicht heiratet, sondern eben die ungarische ‚Prinzessin Kunigunde. Ottokars Lehensmann Merenberg schickt seinen Sohn Seyfried mit einem Schreiben zu der Reichsversammlung, in welchem er dieselbe vor allem deshalb vor Ottokar warnt, weil er seine bisherige Frau, die ihm heiratshalber Österreich eingebracht hatte, so gnadenlos ins Abseits stößt.

Als der neue Kaiser Rudolf siegreich mit seinem Heer unter dem Jubel der Bevölkerung bis nach Wien zieht, bietet er Ottokar ein Treffen an, um die verworrene Rechtslage in Deutschlands südöstlichen Ländern zu klären. Während der Begegnung Beider treten die Repräsentanten der von Ottokar gewaltsam eroberten Länder auf und huldigen lautstark Kaiser Rudolf. Dadurch düpiert läßt sich Ottokar herbei, auf seine Eroberungen zu verzichten und sich auf Böhmen und Mähren zu beschränken. Für diese Länder muß er den Lehenseid leisten. Sein Kniefall vor Rudolf in dessen Zelt überrascht die Öffentlichkeit, als der besonders gefährliche Zawisch Rosenberg, der sich inzwischen ins Vertrauen der jungen Königin Kunigunde raffiniert eingeschlichen hat, die Zeltplane niederreißt und Ottokar dadurch einen entscheidenden Prestigeverlust bei Freund und Feind zufügt.

Diese Einbuße offenbart sich in der Folgezeit insbesondere darin, daß Königin Kunigunde den in ihren Augen verachtenswert gewordenen Ottokar verläßt und mit ihrem Buhlen Zawisch ins Lager Rudolfs hinüberwechselt. Ottokar, von dem sich nun auch immer mehr eigene Böhmen und Mähren abwenden, ermannt sich noch einmal, desavouiert in Prag den kaiserlichen Herold, der auch die Freilassung das alten Merenberg fordert, indem er letzteren im Kellergefängnis zum Tode kommen läßt, und sammelt erneut ein Heer gegen den Kaiser. Dieser siegt jedoch in der abermaligen Schlacht auf dem Marchfeld. Ottokar fällt im Duell gegen den jungen Merenberg, der damit seinen Vater rächt.

Mit historisch zumeist zutreffenden Fakten aus dem 13.Jahrhundert versucht Grillparzer im „Ottokar", seine Wiener und Österreicher mit überzeitlich bedeutenden Begebenheiten zu konfrontieren, die vaterländischen Stolz zusätzlich auslösen sollen. Allerdings ist die deutsche Königskrone – wie hier im Drama – Ottokar nie angeboten worden. Die beiden Schlachten Ottokars auf dem Marchfeld liegen nicht – wie im Drama angedeutet – nur zwei Jahre, sondern achtzehn Jahre auseinander (1260 gegen die Ungarn, 1278 gegen Rudolf). Die Gestalt der Berta Rosenberg ist frei erfunden.

In die Haupthandlung um „Ottokar" hat Grillparzer zwei Nebenhandlungen eingebunden. Im Gegensatz zu jener erweisen sie sich paradoxerweise als die bühnenwirksamen.

Die von beiden schmaler verlaufende ist die des opponierenden Vasallen Merenberg im Verbund mit seinem Sohn Seyfried. Der Vater schreibt unter Bezugnahme auf die entwürdigende Entfernung der Königin Margarethe durch Ottokar einen warnenden Brief an den Erzbischof von Mainz, eine Schlüsselfigur in dem zu Frankfurt tagenden Königswahlgremium. Dorthin befördert ihn der Sohn. Doch Ottokar bekommt Wind von der Angelegenheit:

„Wahrscheinlich Unsre Wahl zu hintertreiben ...
Der Sohn ist zwar entwischt, allein der Vater,
Er soll der Strafe nimmermehr entgehen."

Zu Beginn des III. Aktes wird der alte Merenberg in seiner Burg als „Hochverräter" verhaftet. Der Sohn flüchtet sich ins Lager des an Ottokars Statt zum neuen deutschen König/Kaiser gewählten Rudolf von Habsburg, der sich seiner annimmt:

„Seid ruhig, Euer Vater wird befreit,
Des geb ich Euch mein Wort."

Doch gerade in dieser entscheidenden Angelegenheit kennt Ottokar kein Erbarmen. Er rehabilitiert eben nicht den alten Merenberg und zerfetzt sogar Rudolfs Freilassungsbefehl, den ihm der kaiserliche Herold auf der Prager Burg vor Augen hält:

„Du warst der erste, du hast angefangen.
Das Beispiel du gegeben von Verrat.
Nach Frankfurt schriebst du Klagen und Beschwerden,
Da wählten sie den Habsburg, meinen Feind."

Und er läßt den Alten in den unterirdischen Kerker stoßen, mit Todesfolge. Deshalb mag es dann der Theaterbesucher als gerechten Ausgleich empfinden, wenn zum Schluß Sohn Seyfried den seine letzte Schlacht schlagenden Ottokar im Duell tötet.

Wesentlich weiteren Raum darf die andere Nebenhandlung beanspruchen, die um die beiden Königinnen kreist. In deren Lebenskurven nun wiederum Ottokars mächtigstes Vasallengeschlecht der Rosenbergs verstrickt ist. Unter denen sich vor allem der eine der Brüder als verruchter Intrigant erweisen soll. Den die Königin gleich zu Beginn durchschaut: „Und Zawisch, jener schlimmste wohl von allen." Was Ottokar freilich erst ganz zum Schluß aufgeht: „Der hat's hier hinterm Ohr, dem trau ich nicht."

Zawisch und seine Brüder führen ganz gezielt die Rosenbergtochter Berta dem König zu in der Hoffnung, sie mit auf den Thron zu bekommen. Das freilich setzt die Abschiebung der ältlichen, rechtmäßigen Königin Margarethe voraus. Ottokar betreibt jedoch ohnehin schon die Scheidung von ihr.

Nach der Ermordung ihres ersten Gatten, König Heinrichs, und der beiden gemeinsamen Kinder im fernen Apulien wohl auch in der Erwartung, ihren Untertanen dadurch mehr Sicherheit verschaffen zu können, hatte Margarethe den Ottokar geheiratet. Der war an ihr nicht als Person, sondern nur an ihrer Mitgift Österreich interessiert:

„Dann auf mein reiches Erb' von Österreich
War da sein Sinn gestellt."

Zudem habe er gewußt, daß sie keine Kinder mehr gebären könne. Und nun versuchen die Rosenbergs, dem König die Notwendigkeit eines Thronerben plausibel zu machen: Margarethe müsse weg, Berta Rosenberg an ihre Stelle. Die Königin darob außer sich:

„Ich hörte, wie sie seinen Wunsch nach Erben,
Nach angeborenen Folgen seines Throns
Mit heuchlerischem Mitleid listig nährten."

Sie gesteht auch ein: „Ich hab ihn nie geliebt. Doch sorgt ich still für ihn." Die Konstellation ist ihr voll bewußt: „Und maß, der Jüngling, mich, die Alternde." Dennoch wendet sie sich gegen ihn, den von den Rosenbergs Angestachelten:

„Er handelt unrecht, unerlaubt an mir ...
Bin ich nicht jung, ich hab es nie verhehlt.
Hat Gram der Züge Reiz mir ausgelöscht,
Er sah mich ja, bevor er um mich warb."

Trotz ihrer stolzen Mitgift bereut es Ottokar inzwischen, seinerzeit unüberlegt gehandelt zu haben:

„Denn erstens ist sie alt und unfruchtbar,
Kein Erbe läßt sich mehr von ihr erwarten."

Ihr gegenüber läßt er seinen Kanzler jedenfalls eröffnen, die Ehescheidung sei unumgänglich; das von ihr eingebrachte Österreich bleibe gleichwohl in Ottokars Besitz; doch erhalte sie einen anständigen Alterssitz zugewiesen.

Gelassen nimmt Margarethe diese Entscheidung hin. Zur großen Erleichterung ihres Mannes resigniert sie: „Ich gönn Euch alles, gönn Euch mehr als mir." Und als der zur Bestürzung der Rosenbergs sich plötzlich für die ungarische Prinzessin Kunigunde als die neue Königin entscheidet, tröstet sie auch noch in mütterlichem Mitgefühl die schwer enttäuschte Berta.

Bertas Schicksal, ein dadurch ausgelöster Racheimpuls, wird sicherlich zu einem weiteren Quellgrund für die gefährlichen Machenschaften Zawisch Rosenbergs wider seinen Lehensherrn Ottokar. Mit Zawischs virtuos durchgebilderter Charakterstudie hat Grillparzer die Bühne rollenfachmäßig eindeutig bereichert. Gleich dessen Text zu Beginn des I. Aktes mit „Ha, ha, ha, ha ..." läßt erwarten, daß er unter den Mithandelnden temperamentsmäßig völlig herausfallen wird. Wie der mit doppeldeutigem Wort und verschlagener Miene tückisch Jonglierende, in Verführungskünsten Geübte sich gleich an die Neue heranmacht! An jene jugendliche Tochter des Herzogs von Masowien: Kunigunde, des Ungarnkönigs Nichte nun als Ottokars Frau und Königin! Wie er ihr Avancen macht! Und auf deren zornige Erstreaktion hin sich ihr gegenüber darauf hinausredet, sie hätten ihrer Zofe gegolten. Sein Verwirrspiel mit der Busenschleife der „schönen, stolzen Ungarin!" Vor allem zuvor als Turniersieger, als er der ihm die Schärpe umhängenden Kunigunde frech genug zuflüstert: „Alte Männer sollten alte Weiber freien! Jugend gehört zu Jugend." Das ist dann auch bald sein Einstieg bei ihr. Wenn sie solche Unverschämtheit ihrem Gatten offenbart hätte, wäre es wohl um Zawischs Position geschehen. Doch Kunigunde schweigt dazu. Und warum? In welche Worte kleidet sie ihre erste Enttäuschung über Ottokar:

„Ein König, sagten sie, regiere dort,
Vermählt in seiner Kraft der älteren Frau,
Den dürste nach der feurigen Genossin,
Nach gleichem Mut in gleichgeschwellter Brust.
Ich komm und finde – einen Greis. Ja, Greis!"

Hier dürfte Grillparzer stark überzogen haben, wenn die Altkönigin denselben Mann einen Jüngling, die Jungkönigin ihn einen Greis nennt.

Das Übelste an diesem Zawisch ist noch nicht einmal seine hinterhältige Verschlagenheit und verlogene Schläue, sondern die heuchlerisch zur Schau getragene Gefolgstreue, mit der er seinem Ottokar stets nach dem Mund redet, ihn in seinen Irrungen noch bestärkt und bedeutsam schweigt, wo und wenn er ihn mit hochwichtigen Informationen versorgen müßte. Ottokars unmäßiges Selbstbewußtsein noch steigert, statt seine Fehleinschätzungen behutsam zu korrigieren.

Gut gezeichnet auch die so heißblütige wie kaltherzige Kunigunde, zu der es dann später nur zu gut paßt, wenn sie dem vom Glück verlassenen, nie geliebten Ehepartner ihre Verachtung ins Gesicht schleudert. Doch schon am Schluß jenes II. Aktes, des wohl gelungensten innerhalb des Gesamtdramas, ahnt der Theaterbesucher, welche Affäre sich zwischen Königin und ihrem Galan entwickeln wird. Nach Ottokars Abgang singt Zawisch in ihrer Nähe zum Klang der Zither ein Liebeslied:

Kammerfräulein: „Soll ich ihn gehen heißen?"

Kunigunde: „Laß ihn nur! Es hört sich gut zu in der Abendkühle."

Beide Nebenhandlungen sind bühnenwirksam; die Haupthandlung ist es nicht. Alle hat Grillparzer engstens miteinander verknüpfen wollen. Doch die Nebenhandlungen beeinflussen die Haupthandlung kaum. So sehr sich auch der Bühnenautor darum bemüht hat , Margarethes Verstoßung durch Ottokar als kausal für dessen Untergang hinzustellen: Nicht die Frankfurter Wahl brachte die Entscheidung, sondern die auf dem Schlachtfeld. Den Kürenden in Frankfurt war der Altkönigin Schicksal ziemlich egal. Weit mehr beunruhigte sie im Südosten des Reiches das in so kurzer Zeit zusammengebrachte Imperium Ottokars zwischen Alpenkette und Moldau. Und wenn im V. Akt erklärt wird „Die Flucht der jungen Königin gab ihm den Rest", gemeinsam mit ihrem Zawisch, so bricht darüber Ottokar keineswegs zusammen, wie es anfänglich scheinen mag, sondern er findet sich nach dem Gedenken am Katafalk der soeben verstorbenen Altkönigin zu bewährter Kampfentschlossenheit zurück; er bindet sich den Helm fest und zieht sein Schwert: „Nun denn, mit Gott!" Hätte Ottokar jene letzte Schlacht auf dem Marchfeld (1278) gewonnen, so hätte Grillparzer sein Bühnenstück umbetiteln müssen: „König Ottokars Glück und Aufstieg zu noch viel größerem Glück." Das rein zufällige Schicksal, nicht der Held im Shakespearschen Sinne höchsteigen setzt die Bedingung für seinen Untergang.

Diese Haupthandlung stellte Grillparzer im Grunde genommen vor ein unlösbares Problem. Die historischen Vorgegebenheiten erweisen sich als derart weitverzweigt, diffus und undurchsichtig verschlungen, daß deren Hineinpressen in fünf Bühnenakte den Aktionsverlauf ins Schleudern bringen muß. Und dies nicht nur durch wiederholte, auf die Historie bezogene Sachreferate in monologisierender oder scheindialogisierender Form. Weit erfolgreicher, wie anfangs wohl auch beabsichtigt,. hätte Grillparzer sein Anliegen in einem vaterländischen Geschichtsroman verwirklichen können. Selbst ein handlungsstrategisches Genie vom Range Schillers hätte diesen Ottokar wahrscheinlich keiner deutlich besseren Lösung entgegenführen können.

König Ottokar „mit schwarzem Aug aus schwarzen Brauen blickend", egoistisch, ehrgeizig, überheblich, hochfahrend, der dem eigenen verdienstvollen

Kanzler seinen Handschuh ins Gesicht wirft, von hybrider Beherrschungsmanie heimgesucht, gewalttätig, dem ein Menschenleben nichts gilt, genießt sich zu Beginn:

„So hoch ein Mensch mag seine Größe setzen,
So hoch hat Ottokar gesetzt die seine.
In Böhmen herrsch ich, bin in Mähren mächtig,
Zu Östreich hab ich Steier mir erkämpft,
Mein Oheim siecht, der Kärnten nach mir läßt ...
Vom Inn bis zu der Weichsel kaltem Strand
Ist Niemand, der nicht Ottokarn gehorcht."

Und kurz vor seinem physischen Ende muß er einsehen:

„Ich hab nicht gut in Deiner Welt gehaust,
Du großer Gott! Wie Sturm und Ungewitter
Bin ich gezogen über Deine Fluren."

Charakterlicher Entwicklungsprozeß? Echte Reue? Keineswegs! Auch nicht im V. Akt an Margarethes Sarg. Ausgeprägten Machtmenschen wie Ottokar schlägt kein Gewissen. Weinerlich bedauern sie sich am Ende selbst nur deshalb, daß es auf der Bahn der Heimsuchungen Anderer, der Zerstörungen und notfalls Ausrottungen von Konkurrenten nicht weitergehen will.

Eine splendide Idee überkam den Dichter, als er den Grafen Rudolf von Habsburg bereits im I. Akt auftreten läßt. Ottokar zu ihm: „Ihr seid, vergeßt es nicht, in meinem Land!" Rudolf zu ihm:

„Als freier Krieger focht ich Eure Schlachten,
Um Lohn nicht, und den Dank selbst schenk ich euch.
Ich bin nicht Euer Mann."

Zwei Akte später tritt ihm der gleiche Rudolf als energisch fordernder und zurückfordernder Kaiser und Lehensherr ungerührt gegenüber. Welch eine Vertauschung der Positionen! Das fortgesetzte Glück, auf den Schlachtfeldern, der andauernde Siegesrausch haben Ottokar fast blind gemacht für plötzlich in Unannehmlichkeit abgleitende Realitäten. Er vernimmt nur noch Hochrufe wie die des Prager Bürgermeisters „Großmächtigster! Unüberwindlichster!" oder gar die überzogenen der Stände jener unterworfenen Länder: „Heil Ottokar, dem deutschen Kaiser Heil!" Er prahlt vor den Delegierten des Reichswahlgremiums:

„Ich bin ein König über viele Länder.
Zu viel beinah für eines Menschen Kraft."

Zum Burggrafen von Nürnberg superselbstbewußt: „Einen deutschen Kaiser kenn ich nicht." Geflissentlich überhört er es, wenn ihm sein treuer, gewissenhafter Kanzler zu bedenken gibt, immer mehr Österreicher hätten nach Margarethes Entthronung seinen Hof verlassen, würden ins Lager des neugewählten Kaisers fliehen. Aufstandsversuche würden gemeldet. Unter Begeisterungsstürmen der bisher unterjochten Menschen sei der neue Kaiser soeben in Wien eingezogen.

Was kann der schon ausrichten, dieser Rudolf, der jahrelang sein Untergebener war? Dessen Gesprächsangebot nimmt er in der hochfahrenden Absicht an, vor diesem von unten her aufgestiegenen kleinen Grafen aus der Schweiz noch einmal so richtig zu demonstrieren, welch gewaltige, rundum unangefochtene Machtposition er, Ottokar, unverändert einnimmt. Und so erscheint er vor diesem „in glänzender Rüstung, darüber einen reichgestickten Mantel, statt des Helmes die Krone auf dem Haupt.'"

Daß sich Ottokar dann doch betreffend Böhmen und Mähren zur Lehenseidleistung verleiten läßt, ist auf das wirkungsmächtige Überraschungsmoment zurückzuführen: das plötzliche Auftreten der Repräsentanten Österreichs, der Steiermark und Anderer, die sich Ottokar früher unterwerfen mußten, und die jetzt lautstark dem neuen Kaiser und Schirmherrn huldigen.

Den damals üblichen Kniefall des Belehnten vor dem Lehensherrn hat Grillparzer auf der Bühne geschmacklos ausgeschlachtet: indem er den frechen Zawisch die Leinenwände des nach außen hin abgeschirmten Zeltes, in welchem die Zeremonie stattfindet, zerfetzen läßt. Total unglaubwürdig! Technisch wäre das in Wirklichkeit niemals möglich gewesen, da gerade bei solch wichtigen Staatsaktionen der Ort der Handlung besonders gut bewacht und abgesichert wurde. Der vor dem Gefolge optisch wahrgenommene Kniefall Ottokars vor Rudolf gewinnt auch nur im IV. Akt Bedeutung, wenn deswegen die junge Königin Kunigunde vor ihrem Mann den letzten Rest an Achtung verliert und sich von ihm lossagt.

Aus dem historischen Kaiser Rudolf hat Grillparzer keine lebensvolle Bühnenfigur zu filtern vermocht. In dramatische Verwicklungen gerät derselbe von vornherein nicht. Er interessiert nicht als handelnder Mensch, er verkörpert nur ein Prinzip: das der staatlichen Rechtswahrung. Deshalb bleibt er bloßer Bedeutungsträger ähnlich Goethes Iphigenie, die nicht Frau, sondern auch nur Verkörperung menschenwürdiger Zielrichtungen ist. Dort: Humanität unter Menschen; hier: Machtausübung über Menschen.

Von Grillparzer gut aufgebaut wurde im IV. Akt das letzte Zusammentreffen von Ottokar und Kunigunde. Nur noch Spott hat sie für ihn:

„Er hat geherrscht; fürwahr, er hat geherrscht!
Wie eine Seifenblase ist's zerronnen."

Als er auch noch den seitens des kaiserlichen Herolds äußerst selbstbewußt vorgetragenen diktatorischen Forderungen nachzugeben scheint, so daß sich sogar die eigenen Prager Bürger von ihm abwenden, will sie nur noch heim nach Ungarn zum königlichen Oheim: „Dort wahrt man eines Königs Ehre besser." Erst da ermannt sich Ottokar endlich und zerreißt des Herolds Befehlsorder. Vor allem, um ihre Achtung zurückzugewinnen. Denn Kunigunde hatte ihm seinen Kniefall knallhart ins Gesicht geschleudert:

„Solang Ihr Euch nicht von der Schmach gereinigt,
Betretet nicht als Gatte mein Gemach."

Das Gebälk des Vertrauens ist freilich längst zerfressen. Während er sich hochreißt und an der Spitze seiner Stammlandtruppen gegen Feind Rudolf losstürmen will, wechselt sie mit ihrem Zawisch ungerührt in dessen Lager über.

Wieder einmal fällt auf, daß eben doch nur die Nebenhandlungen sich als bühnenwirksam erweisen. Die Haupthandlung wie gesagt – wird von reinen Zufällen gesteuert, nicht von einem spannenden Aktionsgeflecht zwischen den Hauptfiguren.

Wohl nur in seinem Unterbewußtsein mag dies Grillparzer gespürt haben. Das Defizit gedachte er auszugleichen, indem er Ottokars Geschichte zu einem Bilderbuchschauspiel aufblies. Am störendsten im letzten Akt, in welchem auch noch die tote Margarethe in ihrem Sarge einen bildwirksamen Kontrapunkt setzen sollte; obendrein auch noch einen retardierenden, wo doch gerade jetzt der Ablauf besonders gerafft zum Schluß drängen sollte. Dieser Sarg muß auch noch die Schlußszene garnieren. Kaiser Rudolf darf es dann registrieren: Altkönigin Greta zu Häupten Ottokars, Jungkönigin Gunda mit vorgetäuschtem Pietätsgebaren zu seinen Füßen. Der Mann zwischen zwei Frauen, allerdings nur als Leiche. Sehr malerisch!

Die hier dokumentierte, einem Drama – trotz Schillers Tell – immer schädliche Bilderbuchmanier schlägt sich nieder in dem Kulissenwechsel innerhalb eines Aktes. Im Eröffnungsakt einmal, im III. Akt zweimal, im V. Akt dreimal; insgesamt 11 Bühnenbilder, die das Auseinanderdriften der Handlungsstränge symbolisieren.

Nicht immer darf man sich auf Goethe und Schiller berufen. Der in Grillparzers antikisierenden Dramen um Sappho, um Hero, selbst um die rasende Medea so wirkungsvoll eingesetzte Blankvers erweist sich in vorliegender historischer Tragödie als ungeeignet. Zumal in gerafftterer Struktur des Ganzen wäre Prosa die stilistisch weit bessere Wahl gewesen; die erforderlichen Akzente hätte sie ungleich effektiver gesetzt. Ausgedehnte Blankversmonologe lassen – jedenfalls im „Ottokar" – dann erst recht keine Spannung aufkommen, sondern verzögern unnütz. Das gilt gleich zu Beginn für den der Margarethe, der von Kurzeinwürfen Rudolfs kaum unterbrochen wird, im III. Akt von Rudolfs dem Ottokar gehaltenen staatsrechtlichen Standpauke, am lastendsten für die Monologe der Titelgestalt im Schlußakt, wo sie auch am positionsschädlichsten sind.

Viele Zeitgenossen Grillparzers werden in der Figur des Ottokar wesentliche Züge Napoleons entdeckt haben. Der den Autor bekanntlich „mit magischer Gewalt" anzog. Dessen endgültige Unschädlichmachung lag ja im Premierenzeitpunkt auch erst acht Jahre, die Besetzung Wiens durch dessen Franzosen erst sechzehn Jahre zurück. So lag dem Projekt von Anbeginn an ein weiterer patriotischer Impuls zugrunde. Grillparzer selbst über seinen „Ottokar": „Das war ein österreichisches Stück!" Und ausführlicher: Wenn „aus dem Untergange Ottokars die Gründung der habsburgischen Dynastie in Österreich hervorging, so war das für einen österreichischen Dichter eine unbezahlbare Gottesgabe und setzte dem Ganzen die Krone auf."

Die fast triumphale Uraufführung des binnen nur vier Wochen niedergeschriebenen Dramas – vom 12. Februar bis zum 9. März 1823 – erfolgte erst am 19. Februar 1825. Die Verzögerung war auf die Bedenken der staatlichen Theaterzensur zurückzuführen. Erst ein Machtwort der Kaiserin räumte das Inszenierungshindernis beiseite.

Jene Bedenken der Zensoren waren nicht ungerechtfertigt. Sie betrafen mehrere Textpartieen, vor allem aber die an Ottokar gerichteten Verse Kaiser Rudolfs im III. Akt:

„Ich bin nicht der, den Ihr voreinst gekannt!
Nicht Habsburg bin ich, selber Rudolf nicht.
In diesen Adern rollet Deutschlands Blut.
Und Deutschlands Pulsschlag klopft in diesem Herzen."

Die Zensurverantwortlichen begriffen sehr wohl. daß zwischen Ottokars Zeitalter im 13. Jahrhundert, als deutsche und slawische Böhmen und Mähren friedlich mit- und nebeneinander lebten, und der sensiblen Gegenwart des 19. Jahrhunderts an die sechs Jahrhunderte dazwischenlagen. Daß jetzt die latenten Konflikte zwischen Deutschen und Tschechen in Prag und anderswo aufbrechen und den K.-und-K.-Vielvölkerstaat im Südosten des Reiches sehr wohl erschüttern konnten. Grillparzers „Ottokar" mochte da beim Aufeinandertreffen besonders unglücklicher, ressentimentsgeladener Zeitkomponenten die Bedeutung einer Lunte am Pulverfaß gewinnen.

Auf tschechischen Theatern ist denn „Ottokar" auch nicht aufgeführt worden. In Wien hingegen kreierte er sich zumindest bis zum Ende der Habsburger Monarchie zum vaterländischen Nationalschauspiel. Und dem Schlußvers „Heil!, Heil! – Hoch Österreich! – Habsburg für immer!" wurde immerzu frenetisch applaudiert.

Heute weckt das Stück bestenfalls noch lokalpatriotische Emotionen. Warum wirkt – darf man wohl fragen – der soeben erwähnte Jubelvers nicht so zwingend wie der in Kleists „Prinz von Homburg": „Und in den Staub mit allen Feinden Brandenburgs"?

Der noch jüngere Grillparzer: „Man muß die menschlichen Gefühle im Drama zur Hauptsache machen, nicht wie häufig jetzt die historische und politische Geschichte." Selbstkritik? Im hohen Alter erklärt er jedenfalls mit Bestimmtheit: „Den Ottokar halte ich für mein bestes Stück; es ist zugleich ein ganz historisches Drama."

So blieb denn übrig ein ehrgeiziger, machtgieriger, eroberungssüchtiger Tyrann „ohne eigentliche Bösartigkeit". Der dann zum Schluß in Reueanfällen schwimmt. Ihm gegenüber ein Kaiser Rudolf I., der im Grunde genommen gar kein Gegenüber ist, höchstens auf dem Schlachtfeld. Vor diesem Mann auf der Bühne verwandelte sich der Dramatiker in einen auf höherem Niveau angesiedelten Claqueur, zu einem Habsburger Lobpreisung blasenden Hoftrompeter, aber auch zu einem engagierten Kulturpolitiker, Leitlinien für den Schulunterricht austüftelnd, mit deren Hilfe jene sterile kaiserliche Figur Vorbildfunktion für Heranwachsende entwickeln sollte. Um die vorgegebene hierarchische Werteordnung zu festigen.

Abgesehen von den Nebenhandlungen paßt das alles nicht recht zusammen. Die Zwiespältigkeit wächst mit dem Ablauf eines Theaterabends. Friedrich Hebbel erklärte denn auch (29.11.1845) bezüglich des „Ottokars": „Die letzten drei Akte stehen weit hinter den ersten zurück." Jetzt, zu Beginn des 21. Jahrhunderts, ist dieses vaterländische Drama Grillparzers auf deutschen Bühnen kaum noch zu erleben.

2. Ein treuer Diener seines Herrn.

Der ungarische König Andreas muß seine Residenz verlassen, um auswärts seine Truppen in den Krieg zu führen. Entgegen den inständigen Bitten der Königin Gertrudis überträgt er für die Zeit seiner Abwesenheit die Statthalterschaft nicht deren Bruder, dem jungen Prinzen Otto, sondern seinem bewährten alten Paladin, dem Grafen Bancbanus. Auf einem Fest im Schloß tanzt Otto unentwegt mit dessen junger Frau Erny und wird schließlich ihr zudringlich. Seine Handgreiflichkeit unterbindet die Königin. Tage später wird Gräfin Erny zur Königin gerufen, jedoch in des Prinzen Zimmer gebracht. Otto, anfangs den Kranken simulierend, wird alsbald rasend nach ihr. Als sie ihn unverändert zurückweist und ihm auch noch ihren Abscheu vor ihm ins Gesicht schleudert, läßt er sie von Bewaffneten festnehmen. Im letzten Moment – da abgeschlossene Türen eine Flucht verunmöglichen – erdolcht sie sich. Bancbanus, sein Bruder und sein Schwager auf den Suche nach Erny, sprengen die Tür und wollen auf Otto eindringen. Doch die Königin stellt sich vor ihren Bruder; sie selbst habe Erny in Notwehr getötet. Während Bancbanus an die Lüge der Königin glaubt, organisieren seine Verwandten einen Sturm des ob der Tat aufgebrachten Volkes auf das Schloß. Dabei wird die Königin versehentlich getötet, während Bancbanus den Prinzen Otto und den kleinen Kronprinzen durch einen Geheimgang nach draußen rettet. Ihm gelingt es schließlich, die Aufrührer zu besänftigen. Deshalb ist der heimkehrende König voller Lobes für seinen Statthalter, zumal der Kronprinz unversehrt blieb. Vor seinem königlichen Schwager muß Otto zugeben, des Statthalters Frau Erny in den Tod getrieben zu haben. Der König verweist ihn des Landes.

Wie im „Ottokar" die Affäre zwischen Zawisch Rosenberg und Königin Kunigunde, so stellen sich auch hier als die gelungensten Szenen die zwischen dem verführerischen Prinzen Otto und der jungen Gräfin Erny, der Frau des vom König eingesetzten Statthalters Bancbanus, dar. Doch während man dem lässig courtoisen Zawisch seine federnd eleganten Attacken nachzusehen geneigt ist, erweist sich Otto letztendlich als adelsgesellschaftlicher Flegel. Gleich zu Beginn läßt er zum Stichwort „Alter Mann der jungen Frau" den singenden Pöbel vor des Bancbanus Haus diesen ob des immensen Altersunterschiedes zu seiner Erny verspotten, so etwa „Schön Erny lieb und gut, verschläfst dein junges Blut." Otto will „ihn reizen", und wird wütend, als Bancbanus die Moritat souverän überhört; so muß er unverrichteter Dinge mit seinen Leuten wieder abziehen.

Vor allem Erny wegen arrangiert Prinz Otto einen Tanzabend im Schloß und versucht, sie, seine Tanzpartnerin, mit einem Schwall an überbordenden Huldigungsfloskeln nach und nach zu verführen. Jene Scheindialoge zeigen Grillparzer als Meister psychologisch raffinierter Gesprächssteuerung. Erny läßt sich gleichwohl kaum beeindrucken. Ottos unverhüllt freche Anspielung:

"Die eine läßt sich trauen einem Greise
Mit grauem Bart und Haar, ein schlottrig Scheusal"

widert sie an, sein Kniefall vor ihr stößt sie ab. Beim Ausgang. des Festes packt er sie. Die Königin greift ein, und das wohl auch nur, weil ihr der Faupax ihres Bruders vor der versammelten Hofgesellschaft peinlich ist.

Denn im III. Akt ist es ihrer Regie zu danken, daß Gräfin Erny in Prinz Ottos Zimmer landet. Der spielt den Krankgewordenen, der Nahrung und Medikamente zurückweist, den in seiner unerfüllten Liebessehnsucht Halbverrückten. Bereits beim Ausklang jenes Festes mußte die königliche Schwester Zeugin eines solchen Ausbruchs werden:

„Und ich bin toll, so wahrt Euch vor dem Tollen!
Hin auf den Boden werf ich meinen Leib.
Nicht hören und nicht reden! Rase! Stirb!"

Inzwischen macht Otto auf Körperschwäche und Bettlägrigkeit. Natürlich weiß die Königin, daß ihm die Liebesleidenschaft gehörig zusetzt, „sie glüht als Fieber durch dein kochend Blut." Das Kind bekommt nicht sein Spielzeug; deshalb schreit es und stampft auf. Abermals gerät Otto in einen Anfall von Raserei, weil die junge Erny sich nicht von ihm knicken läßt, ihm vielmehr ihren Abscheu ins Gesicht wirft.

Otto außer sich:

„Weil sie nicht will, und weil sie's nicht verdient,
Will ich sie lieben. Dann komme, was da mag."

Er ist beileibe kein psychiatrischer Fall. In seiner geilen Triebhaftigkeit will der Kerl nur eines: sein Opfer. Standhaft verweigert sich Erny ihm erneut, diesmal noch entschiedener. Da knallt bei ihm die letzte Sicherung durch: zwei Bewaffnete sollen sie greifen. Angesichts der verschlossenen Zimmertüren muß die junge Gräfin ihre Entehrung, ihre Vergewaltigung für unabwendbar halten. Mit einem Dolch gibt sie sich selbst den Tod.

Die Königin, die natürlich zu spät erscheint, deckt gegenüber den hereindringenden Verwandten Ernys den mittelbaren Mörder: sie selbst habe die Gräfin getötet, in Notwehr.

Königin Gertrudis hat Beihilfe zum Mord geleistet und den Mörder begünstigt. Ernys Schicksal war ihr auch egal; Otto, der sich jetzt in geradezu ekelerregender schlotternder Angst an sie klammert, durfte sich die junge Frau des alten Bancbanus getrost als Beute nehmen. Daß Gertrudis anläßlich der Erstürmung des Schlosses umkommt, beruht zwar unbeabsichtigt auf reinem Zufall, wird aber seitens der Theaterbesucher als gerechte Strafe empfunden.

Auch im IV. Akt hat Otto noch nicht den Verstand verloren. Wenn er mit dem gezogenen Schwert auf die Schwester eindringt, wähnend, es wäre Erny, erst auf deren Schrei innehält und ihr zuflüstert: „Nicht wahr, die Gräfin war ein böses Weib?". so dürfte sein vorübergehender Verwirrtheitszustand lediglich auf die ihn überkommende Angst vor der Rache der das Schloß stürmenden Aufständischen zurückzuführen sein. Denn ganz am Schluß ist er wieder ganz ruhig und ausgeglichen und gibt dem heimgekehrten königlichen Schwager gegenüber sein Verbrechen an Erny ja auch ungerührt zu.

Auch wenn es solche Naturen ganz vereinzelt geben mag, so erscheint die Titelfigur total atypisch und Lesern wie Bühnenbesuchern unglaubwürdig charakterisiert. Zwar fließt es aus des Bancbanus Treueverhältnis zum König und entspricht auch dessen spezifischem Auftrag an ihn, die Aufständischen zu besänftigen, die Ruhe in der Residenz wiederherzustellen und vor allem den kleinen Kronprinzen aus der so rapid sich entwickelnden Gefahrenlage zu retten. Doch sein Verhalten gegenüber der eigenen Frau ist – sehr gelinde gesagt – tadelnswert. Zwar muß man ihm abnehmen, wenn er seinem König gegenüber zu Beginn bekennt: „Ich bin ein schwacher Mann", gegen Ende: „Ich bin ein alter Mann", gegenüber der eigenen Frau, die er mit „mein gutes Kind" anredet,

„Ich bin wohl alt genug und du bist jung.
Ich lebensmüd und ernst, du heiter blühend".

Auf dem Tanzfest jedoch, als sie vor Ottos verbalerotischen Aggressionen zu ihm flüchtet, fordert er sie auf, dennoch wieder mit dem Verführer zu tanzen. Später sogar, ihm wunschgemäß eine Briefzusage zukommen zu lassen. Seiner Frau verweigert er den Halt, den sie gerade in jener Stunde braucht, Und so wird denn auf dem Tanzfest über ihn als über den Fest„pförtner" gespottet: „Hier sitzt er! Blitz! Derweile/ Setzt Herzog Otto seinem Weibchen zu."

Krasse Altersunterschiede haben schon oft auch dramatische Abhandlungen gewürzt, beispielsweise „Don Carlos" und viel später „Vor Sonnenuntergang". Doch wohl keiner von den ältlichen Ehepartnern hat so viel Kopfschütteln ob seiner unbegreiflichen Reaktionsschwäche ausgelöst wie dieser Bancbanus

Das in den Monaten zwischen Frühjahr und Spätherbst 1826 niedergeschriebene Trauerspiel erlebte am 28. Februar 1828 unter „stürmischem Beifall" im Wiener Burgtheater seine Uraufführung. Anläßlich der Krönung der österreichischen Kaiserin zur Königin von Ungarn. Formal eine vom kaiserlichen Oberhofmeister Graf Dietrichstein im Jahre 1825 vermittelte Auftragsarbeit an Grillparzer. Denn der Dichter war sich mit dem Herrscherhaus durchaus darin einig, daß zur mittelbaren Stabilisierung der Habsburger Monarchie nunmehr Ungarn vordringlich ebenfalls auf den Brettern der Bühne berücksichtigt werden mußte, wenn kurz zuvor der böhmische Ottokar ins Blickfeld gerückt worden war.

Die Intervention seitens des Wiener Hofes erfolgte diesmal freilich unter einem ganz anderen Gesichtspunkt. Unmittelbar nach jener Uraufführung wünschte Kaiser Franz den Erwerb von Grillparzers Dramenmanuskript inklusive aller Verwertungsrechte. Der „Treue Diener" durfte folglich weder gedruckt noch anderen Bühnen angeboten werden. Als sich der Hof mit Grillparzer auf der Basis von 2400 Gulden Schadensabgeltung geeinigt hatte, platzte jener Verzichtsvertrag sui generis deshalb, weil der Text gegen Grillparzers Willen inzwischen aus Österreich herausgeschmuggelt worden war. Über die Motive des Kaisers, den „Treuen Diener" der Öffentlichkeit zu entziehen, ist von Anbeginn an viel gerätselt worden; dies umsomehr, als Grillparzer ohne Einschränkung als ausgewiesener österreichischer Patriot galt. Zumal er in seiner Titelpartie ja gerade die Treue eines Paladins zu seinem königlichen Herrn glorifizierte, während der real historische Bancbanus ganz entgegengesetzt eine Adelsrevolte gegen den ungarischen König Andreas anführte (1213), bei der die Königin Gertrudis ermordet wurde.

Der Kaiser soll den Aufruhr im letzten Bühnenstücksakt beanstandet haben. Das greift zu kurz. Ganz abgesehen davon, daß denselben der Titelheld schnell unter Kontrolle bringt, er, der das ihm zugefügte höchstpersönliche Leid seinem Treueversprechen unbeirrt nachordnet.

Denn gegen wen richtet sich der Zorn jener Aufständischen? Jedenfalls nicht gegen das Regiment eines Königs oder Kaisers. Sie wollen sich nur den Schürzenjäger Otto greifen. der sich im Schloß verborgen hält und Erny auf dem Gewissen hat:

„Getötet hat man sie, hat sie ermordet,
Weil sie sich nicht gefügt verbotener Lust".

Haben den Kaiser die Verführungsversuchsszenen als solche abgestoßen? Jedenfalls bedrängt im Burgtheater vor den Zuschauern ein Hochadliger eine Niederadlige, Das erzeugt zwar nicht umgehend gesellschaftsschichtsspezifischen Haß. Doch Schweinehund Otto ist immerhin Bruder einer ihn ständig deckenden Königin. Ein ganz Hoher avanciert zum Kapitalverbrecher. Vor dessen Augen der Dolchstoß der ehrbewußten, jungen Erny in die eigene Brust noch unausweichlicher ist als der von Lessings Odoardo Galotti in die seiner Tochter Emilia. Und diesen Prinzen Otto mit seiner Disziplinlosigkeit, trotzigen Verbohrtheit und abstoßenden Rage, der von Rechts wegen unter Scharfrichters Beil gehört, den läßt der zurückkehrende Ungarkönig Andreas zum Schluß auch noch laufen. „Die Großen läßt man laufen". Und ebenso empörend für die inzwischen wirtschaftlich erstarkten Bürgerschichten, welche den „Treuen Diener" mitbekommen, die Verlogenheit einer Königin, die, nur um ihren verbrecherischen Bruder z u decken, sich selbst als Notwehrmörderin vor den Putschisten ausgibt. Das vor allem wird es gewesen sein, was den Kaiser in seine Bedenklichkeiten hineingetrieben hat.

Auch in seinem formalen Aufbau ist das – so Grillparzer – „bis zum Übermaß loyale Stück" diesem aus dem Ruder gelaufen. Mehrfacher Kulissenwechsel innerhalb der einzelnen Akte zeigt es bereits an. Gegenüber dem „Ottokar" ist der Personenbestand zwar geschrumpft, doch immer noch zu üppig. Der auch hier gewaltsam eingeführte Blankvers mag in Ottos Partien mit dessen affektangereichertem Gebalze vielleicht gerade noch angehen, stört aber sonst unangenehm in der sonstigen Textfolge.

Nach der Uraufführung machte sich mehr und mehr Unmut ob solch verschrobener Handlung bemerkbar. Bei keinem anderen seiner Bühnenstücke sah sich Grillparzer so unentwegt zu rechtfertigender Verteidigung veranlaßt.

Lächerlich wirkte bereits die Inkontrastsetzung der beiden Figuren Bancbanus und Otto von Meran zueinander. Grillparzer: „Dieser Libertin (Otto), der seine Leidenschaften als Spielzeug braucht. Bei dem sie aber zugleich so heftig sind, daß sie wieder zu Wahrheit werden und ihn im dritten Akt körperlich krank machen." Kritiker bemängelten eine Überzeichnung des tobenden und brüllenden Prinzen. Grillparzer: „Er schätzt Erny gering wie alle Weiber. Als er statt Liebe Verachtung findet, bricht das Ungestüme seines Wesens übermäßig hervor. Und Wut, Trotz, Rachedurst, ja, die Spuren einer durch den Widerstand erst mehr zum Bewußtsein gekommenen Neigung für die Widerstrebende versetzen ihn in jenen Zustand." Eine meisterliche Kennzeichnung? Was erhellt dann schon des Autors Satz: „Otto ist weder verrucht noch rein. Er ist beides?"

Weit schärfer traf die Kritik den Titel „helden" An dem Grillparzer fast emphatisch lobt die „Treue, die er dem Manne gelobt, der Krone, Reich, Weib, Sohn ihm anvertraut." Doch solche „hohe erhabene Tugend" sahen die Theaterbesucher sehr bald ganz anders. Treue bedeutet nicht Widersinn und ungebremste Selbstentäußerung, sondern Geschäftsführung für den abwesenden Monarchen mit den Prämissen und unter den Bedingungen von Vernunft und realistischer Lageeinschätzung, was dann selbst eine dringend gebotene auftragslose Geschäftsführung einschließt. Als „Treuer Diener" bekämpft er zwar zuletzt den Aufruhr der Bevölkerung, die das Schloß stürmt, doch zuvor schafft er in seiner unbegreiflichen Charakterschwäche und geistigen Insuffizienz selbst die Voraussetzungen für das Losbrechen jenes Aufruhrs: daß er die eigene Frau Erny dem sexversessenen Otto – fast – in die Arme treibt, die durch dessen psychische Gewaltanwendung zu Tode kommt; was die Bevölkerung begreiflicherweise in die Empörung hineintreibt. Grillparzer verteidigt Bancbanus einmal als „alten gutmütigen Kerl", zum andern als „ziemlich borniert alten Mann" preist aber immerfort dessen „hohe, erhabene Tugend." Die Kritiker verspotten dessen schon nahezu absurden Kadavergehorsam. Grillparzer bleibt unbelehrbar: „Man hat dem Stück vorgeworfen, daß es eine Apologie der knechtischen Unterwürfigkeit sei; ich hatte dabei den Heroismus der Pflichttreue im Sinn, der ein Heroismus ist so gut wie jeder andere."

Schließlich wollte Grillparzer den König und seinen Paladin sogar ins verschwommene Märchenhafte hineinschieben, vielleicht Richtung Wiener Vorstadttheater, vielleicht Richtung Lope de Vega.

Bereits während des 19. Jahrhunderts hatten die Theaterbesucher ihr Urteil über diese Karikatur von „Treuem Diener" gesprochen. Die Intendanten zogen nach. Das Stück versank im Dunkel des Vergessenwerdens.

3. Libussa.

Die böhmische Herzogstochter Libussa stürzt bei einem Ausritt im Bereich des Waldes von Budesch in einen Wildbach und wird von dem Bauern Primislaus gerettet. Während des Abschiedes vor dessen Hütte entwendet Primislaus das bildnisgeprägte Mittelkleinod aus Libussas Gürtelkette.– Der Herzog stirbt, und das Volk erhebt Libussa zu seiner Nachfolgerin, verlangt aber von ihr die Eheschließung. Diese macht sie abhängig von der Rückgabe des gestohlenen Gürtelkleinodes. Die Mächtigen des Landes, die drei Wladiken, jene Kette in der Hand, streiten sich darum, wer von ihnen Libussa heiraten soll. Primislaus kommt herzu und vertauscht unbemerkt Kleinod mit Kette. Libussa fordert die Drei auf, Primislaus zu suchen und ihr vorzuführen. Der kommt, fügt das wiederaufgetauchte Kleinod in die Kette und läßt den nun wieder kompletten Gürtel Libussa umlegen. Daraufhin verkündet diese ihrem Volk, daß sie sich mit Primislaus vermähle. Der sucht sich an den Ufern der Moldau einen Platz aus, auf dem die neue Stadt Praga erbaut werden soll. Diese will die schwarzgekleidete Libussa vor einem Opferaltar weihen, sieht sie bereits im Geiste erstehen, wirft ihren Gürtel von sich und stirbt.

Libussas Gürtel mit dessen Mittelkleinod soll etwas symbolisieren, was getrennt wird, aber wieder zusammengefügt werden muß. Real beginnen die Seltsamkeiten der mehr oder weniger verworrenen Handlung damit, daß Primislaus unbemerkt jenes Kleinod entwendet:

„Geprägt mit Bildern und mit Sprüchen,
Das lös ich los und wahre mir's als Pfand."

Den Diebstahl bemerkt Libussa erst während eines Besuches bei ihren Schwestern Kascha und Tetka. Leicht komisch der unbemerkte Austausch von Kleinod und Gürtelkette anläßlich des Zusammentreffens von Primislaus und den drei Wladiken Lapat, Biwoy und Domaslav in der „kurzen Gegend mit Felsen und .bäumen". Das bleibt freilich nicht unbemerkt, und Libussas Dienerin Wlasta kann dem in Libussas Burg eingetroffenen Primislaus jenes Mittelstück darreichen:

„Auch haben die Wladiken ausgesagt,
Daß du es warst, der Kleinod gegen Kette
Mit schlauer List umwechselnd ausgetauscht."

Als dieser nun beide Teile wieder zusammensetzt, und Libussa ihren komplettierten Gürtel erneut tragen darf, verkündet sie ihre Vermählung mit dem Kleinoddieb Primislaus:

„Er ist hier sicher. Er ist mein Gemahl.
Dient ihm wie mir, wenn nicht noch mehr als mir!
Denn ich, ich dien' ihm selbst als meinem Herrn.
Ich neige mich, folgt eurer Fürstin Beispiel!"
(sie beugt halb das Knie)

So kommt es endlich zum Akkord zwischen Beiden, die sie sich gleich zu Beginn miteinander verbunden fühlten. Libussa: „Du mein Erretter!" Primislaus: „Du Schöne, Hohe, Hehre, Herrliche!"

Der leicht märchenhafte Atem, der Grillparzers Stück mitunter durchweht, offenbart sich ebenfalls gleich zu Beginn, als Libussa in Schleier und schimmerndem Gewande auf ihrem Schimmel Prischuck durch den Budescher Wald reitet. Später in dem alten Turmgemäuer. Danach – wohl der beste Gag im ganzen Stück – in dem Augenblick, als Primislaus durch eine im Boden sich öffnende Falltür in die Tiefe rutscht. Sich „aus steiler Höhe rasch herabgeglitten" unten im Thronsaal sich seine Hüften reibt, wobei „der Boden schwankt, die Sinne schwindeln". Doch schnell wieder zu sich kommt und erleben muß, wie auf Libussas Klatschen hin „von den Seitenwänden sich Armleuchter mit brennenden Kerzen vorschieben."

Seine entscheidenden Akzente setzt Grillparzer jedoch in einem ganz anderen Bereich. Jene Libussasage hatte er nicht nur in den Chroniken des Cosmas von Prag (11. Jhd.), in einem Abriß des böhmischen Historikers Wenzeslaus Hajek von Libotschau (1541) und in einem von Musäus herausgegebenen „Volksmärchen der Deutschen" (1782-1786) kennengelernt, sondern war auch noch auf ein von Clemens Brentano 1812/13 in der Moldaustadt geschriebenes Drama „Die Gründung Prags" gestoßen. Deren mythische Begleitumstände wollte Brentano „restaurieren"; und deshalb beginne er „mit der Wahl, Libussas zur Herzogin, umfasse ihre Verbindung mit Przemisl und schließe mit ihrer Vision von der Prager Stadt." Als „Kraft" und „Huld" sollen sich Mann und Frau ergänzend finden, um das „Verlorene Paradies" durch unermüdlich gemeinsame Anstrengungen in seiner menschenbeglückenden Idealität zurückzugewinnen. Inbegriffen „Untergang einzelner Leidenschaft gegen die Ordnung und das Gesetz des Ganzen."

Das zündete bei Grillparzer, bei dem sich im Laufe inzwischen durchlebter Jahre eigene philosophische und verwandte Erkenntnisse angesammelt hatten, die er nunmehr dichtend umsetzen wollte. Was ihn dabei in einen Gegensatz zu Brentano brachte, war der Stellenwert von Ordnung und Gesetz.

Grillparzers Libussa ist nur als halbes Märchen konzipiert. Denn die andere märchenfreie Hälfte räumt Libussa selbst ihrem Favoriten Primislaus ein. Und der ist ein Mann der wirklichkeitsbezogenen, der zweckmäßigen, der notwendigen Tat. Dem Gemeinwesen will er aufhelfen, es weiterbringen, mit Vernunft und Energie dessen Lebensstandard erhöhen. Und die nun einmal erforderliche Ordnung in solchem Gemeinwesen durch allgemein verbindliche Rechtsnormen gewährleisten. Tiefe Gefühlslagen darf man bei ihm nicht suchen. Einem mythischen Ambiente sieht er sich ratlos gegenüber. Nur im handfesten Diesseits will der ehemalige Bauer bestehen, im Hier und Heute. Von solcher Basis her lenkt und überwacht er den Aufbau der im Entstehen begriffenen Stadt Prag.

Was verbindet ihn denn mit einer irrealen Existenz wie der in konturlosen Nebelschwaden ihn umwallenden Libussa? Für Grillparzer ganz eindeutig: der Eros. Der Beide aufeinander zutreibt, ihn klaren Sinnes, sie in holdseliger Verwirrung. Das Gürtelkleinod zwischen ihnen als mahnendes Dingsymbol.

Neben Primislaus lebt Libussa in einer ganz anderen Welt. Ihr Vater, der Herzog Krokus, hatte sich „einer göttergleichen Frau vermählt". Von daher Libussas Seherblick in die Vergangenheit wie in die Zukunft hinein: die Menschheit kommt aus einer matriarchalisch geprägten Ära der Liebe, des Vertrauens, der Vergebung, der Versöhnung, eines Gemeingeistes, inmitten dessen sich jedermann geborgen fühlt. Und diese Menschheit steuert bald wieder in die goldenen Zeiten eines solch idyllischen Paradieses hinein.

Visionär erahnt sie: „Steigt die Erde empor an ihren Platz, /Die Götter wohnen wieder in der Brust, Und Demut heißt ihr Oberer und Einer."

Was dann für die Menschen bedeutet:

„Daß du dem Dürft'gen hilfst,
Das ist dein Recht, vielmehr ist deine Pflicht.
Und Recht ist nur der ausgeschmückte Name
Für alles Unrecht das die Erde hegt."

Doch gegenwärtig regiert nun einmal die Ichsucht, die Intrige und Ranküne, Lug und Trug, Unterdrückung und Ausbeutung des Menschen durch den Menschen bis hin zur unmenschlichen Tyrannei von Wenigen über Viele. Libussa leidet zutiefst an solcher Gegenwart. Vor allem quält sie die von Primislaus propagierte Rechtsordnung. Doch man braucht nicht gleich den Apostel Paulus zu bemühen, um zu erkennen daß „wir Menschen Sünder allzumal sind"; deutlicher formuliert, wenn auch in variablen Abstufungen: Egoisten, rücksichtslos Verdrängende, Herzlose, Schweinehunde. Wie soll eine derart zusammengewürfelte Menschheit ohne angemessene Rechtsordnung noch eine Überlebenschance besitzen? Ohne sie läßt sich vielleicht in Ordensklöstern das Leben fristen oder allenfalls noch im Herrnhut des Grafen Zinzendorf. Doch sonst? Wie ließe sich eine Menschheitskatastrophe ohne abschreckende Strafandrohungen überhaupt noch aufhalten? Gegenseitig würden sich die Zeitgenossen vernichten. Und das radikal! Und nach ellenlanger Totschlägerei würde nur noch der Stärkste unter ihnen übrig bleiben.

Plötzlich muß sich die verblendete Libussa zu sich selbst in Widerspruch setzen, als einer ihrer Bürger sein Recht einfordert:

„Den Zügel führ ich wohl mit weicher Hand,
Doch hier bedarf's des Sporns, der scharfen Gerte."

Auf einmal! In concreto kommt die Schimmelreiterin nicht umhin, Menschen wie Pferde zu behandeln. Ihre Ideale zerstäuben im realen gesellschaftlichen Dauerkonflikt. Das verlorene Paradies ist unerreichbar. Libussa huldigt Utopia: ihre eigentliche Tragödie. Wie Grillparzer scheitert sie am „Widerstreit der Gefühls- und Verstandeswelt des Goldenen Zeitalters mit der nüchternen Ordnung." Und damit scheitert sie, wie Benno von Wiese zutreffend erkannt hat, auch im Partnerschaftlichen; „weil Liebesbund und Herrscheramt miteinander unvereinbar sind."

Der von Grillparzer aufgegriffene Libussastoff eignet sich nicht für eine dramatische Gestaltung. Weit eher für eine epische. Auch hier erklärt die mangelhafte Stoffbeherrschung den bilderbuchhaften Szenenaufwand; mehrfacher Kulissenwechsel in jedem Akt!

Parallel zum dramatischen Impetus flacht sich dann auch der rein poetische Gehalt immer mehr ab. Was als von erhabener philosophischer Weisheit und tiefgründiger Erkenntnis durchtränkt Wirkung entfalten soll, offenbart sich zunehmend als substanzloses Geschwätz. Zwangsläufig müssen vor allem die unsinnig gedehnten Monologe mit und ohne Gegenüber ermüden. Doch vielleicht hat Grillparzer gerade bei ihnen paradoxerweise recht daran getan, sie in – manchmal in Anlehnung an Clemens Brentano auch noch gereimte – Blankverse zu verpacken; in Prosa würde der offerierte Redeschwall womöglich noch weit unangenehmer auffallen.

Im Schlußakt leistet sich Libussa einen Monolog von 130 Versen. Später zum Abschied einen weiteren von dann immer noch 50 Versen, der sich wohl an den herrlichen Schlußworten von Schillers „Jungfrau von Orleans" orientieren sollte, ohne deren erschütternde Wirkung auch nur annähernd zu erreichen.

Bewogen zur Abfassung seiner Libussa wurde der österreichische Vaterlandsfreund Grillparzer offenbar auch durch die ansteigende Sorge um die Stabilität des Habsburgerreiches. Seit der Abfassung seines „Ottokar" waren zwei Jahrzehnte vergangen; latent hatten sich die deutsch-tschechischen Gegensätze verschärft. Erschien es da nicht gleichsam besänftigend, eine Gründung Prags in ein neuerliches Goldenes Zeitalter münden zu lassen? Beruhigend einzuwirken über Brentanos Schwachwerk hinaus?

Am 29. November 1840 kam wenigstens Libussas Eröffnungsakt auf die Bretter. Daß Grillparzer das in den Folgejahren vollendete Stück in seinem Schreibtisch verschlossen hielt – erst am 21. Januar 1874 kam es postmortal im Burgtheater zur Gesamturaufführung –, darf wohl mit dem inneren Eingeständnis des Dichters zusammenhängen, daß inzwischen ein Verfall der eigenen dramatischen Gestaltungskraft eingetreten war. Dessen Evidenz bewog ihn dazu, auch noch andere Spätdramen zurückzuhalten und einen theatralischen Durchfall nicht zu riskieren. „Libussa", sehr bald aus den Theaterprogrammen verschwunden, schadet in der Tat dem Namen Grillparzers mehr, als daß sie ihn aufleuchten läßt.

4. Ein Bruderzwist in Habsburg.

Von dem seitens Grillparzers dargebotenen Gesamtverlauf läßt sich bequem eine Nebenhandlung abspalten. Die des hitzigen Don Cäsars, eines unehelichen Sohnes Rudolfs II. Des Kaisers also, der hier zur faktischen Titelgestalt aufsteigt.

Don Cäsar will die Inhaftierung eines gewissen Rußworm verhindern, „der deinen Buhlen schlug", so schleudert er es der am Prager Kleinseitenring wohnenden Lukretia, der „Holden Maid", Tochter des Bürgers Prokop, ins Gesicht. Don Cäsar sah sich als Rivalen jenes „Buhlen" Belgiojoso um die Gunst des Mädchens. Da er nun aber auch in der Folgezeit Lukretia nachstellte, wollte sie Vater Prokop in die Nähe Wiens zu einer Tante in Sicherheit bringen. Der Beide verfolgende Don Cäsar wurde vom Erzherzog Ferdinand gefaßt und nach Prag zurück eskortiert. Während einer ausgebrochenen Unruhe konnte er sich dort aus der Haft befreien, bedrängte die inzwischen zurückgekehrte Lukretia in ihrem Hause erneut, bezichtigte immer aggressiver werdend sie – zu Unrecht – jener Buhlschaft und tötete sie schließlich, als sie flüchten wollte, in einem Rasereianfall durch Pistolenschuß; wohl eher fahrlässig als mit Vorsatz. So in der Rückblende des letzten Aktes. Den daraufhin Verhafteten lassen im Turmgefängnis die Ärzte zur Ader. Doch er reißt sich den Verband vom Arm. Nun fordern die Ärzte den Gefängnisschlüssel, um Don Cäsar zu retten. Doch der sonst so tatenscheue Kaiser wirft den Schlüssel in einen Tiefbrunnen, was den Tod des Eingeschlossenen bedeutet. Hernach beweint der Kaiser seinen toten, illegitimen Sprößling. Soweit jene Nebenhandlung.

Jeder, der sich nun mit dem „Zwist" als solchen beschäftigt, wird größte Mühe aufzuwenden haben, eine griffige Inhaltsangabe dieses Grillparzerdramas zu erstellen. Ständig schiebt sich der historische Hintergrund in den Vordergrund. Soziale Unruhen spielen herein. Dazu Eifersüchteleien und Machtpoker unter den dem Kaiser nachgeordneten Erzherzögen des Hauses Habsburg. Das dominante Thema liefert freilich der seit der Reformation in Deutschland aufgebrochene konfessionelle Gegensatz, der zum Handlungsende in den Dreißgjährigen Krieg mündete. Der Autor möchte auf der Bühne jene Zeit etwa zwischen 1605 und 1618 verlebendigen.

Gegen Ende des Stückes faßt Erzherzog Ferdinand die entstandene Konstellation noch einmal zusammen:

„Stirbt Kaiser Rudolf, was wohl furchtbar nah,
Und folgte Matthias auf dem deutschen Throne,
Verdoppeln sich die furchtsamen Bedenken.
Die ihm dies Schwanken in die, Brust gelegt.
Des Reiches Fürsten, ketzerisch zumeist,
Hier Sachsen, Brandenburg, die böse Pfalz,
Sie nötigen zu Schonung, schwachem Dulden,
Und jene Spaltung setzt sich endlos fort,
In der Gott selbst so wie sein Wort gespalten."

Kaiser Rudolf, sein Bruder und vermutlicher Nachfolger Matthias – wie begann eigentlich der Zwist zwischen ihnen? Der Bischof und spätere Kardinal Klesel, engster Berater jenes Matthias, hält seinem Herrn vor:

„Reist ab von Wien ins ferne Niederland,
Stellt an die Spitze der Rebellen Euch,
Entzweit die Höfe von Madrid und Wien.
Und, was das Schlimmste, kehrt dann endlich heim
Und habt nichts effektuiert."

Resignierend will sich deshalb Matthias aus der Politik zurückziehen, auf sein Erb- und Nachfolgerecht verzichten und wünscht sich anläßlich der einzigen Begegnung mit dem kaiserlichen Bruder „einen Ort. um ruhig darauf zu sterben." Doch Klesel spornt ihn an, vom Bruder sich ein Truppenkommendo auf Ungarns Boden im Kampf gegen die Türken zu erbitten: „Auf Euch ruht Habsburgs Heil, das Heil der Kirche." Und der Erzherzog Ferdinand schlägt beim kaiserlichen Onkel in die gleiche Kerbe:

„Für Euch ist Spanien, der Papst, ist Welschland,
Der eignen Erblande ungebrochene Kraft
Noch nicht verführt von falschen Glaubenslehren."

Und zum Entsetzen des Kaisers berichtet er diesem, wie er in seinen Ländern Steiermark, Kärnten und Krain den Protestantismus ausgerottet habe:

„Ist ausgetilgt der Keim der Ketzerei.
An einem Tag auf fürstlichen Befehl
Bekehrten sich an sechzigtausend Seelen,

Und zwanzigtausend wandern flüchtend aus.
Mein Land ist rein."
Rudolf: „Und ohne mich zu fragen?
Mit Weib und Kind, bei zwanzigtausend Mann,
In kalten Herbstesnächten, frierend, darbend?
Mich kommt das Grauen an. Sind hier nicht Menschen?"

Doch selbst der fanatische Gegenreformator Ferdinand muß einsehen, daß auf dem partiell calvinistischen Boden Ungarns und auch noch auf Tuchfühlung zum eingedrungenen großen Türkenheer Thronfolger Matthias, sollte er das Oberkommando dort übertragen bekommen, sich irgendwie mit den Ketzern-Lutheranern-Protestanten arrangieren muß. Darüber ist sich Kaiser Rudolf völlig im Klaren:

„Auch sind der Krieger dort, der Führer viel,
Die zugetan der neuen Glaubensmeinung.
Es ist jetzt nicht die Zeit noch da der Ort,
Zu streiten für die Wahrheit einer Lehre."

Dem zeitweise prahlerischen Matthias bleibt auch gegen die Türken der Waffenruhm versagt. Er muß sich mit ihnen vergleichen. Was der kaiserliche Bruder im fernen Prag erst ins Nachhinein gutheißt. Nur selten äußert sich unter den Soldaten einer wie der streng katholische Hauptmann.

„Ist's etwa nicht bekannt,
Daß Türk und Lutheraner stets im Bunde?
Die Ketzer waren's, sinnend auf Verrat."

Allgemein jedoch reichen sich die tapferen Frontsoldaten brüderlich die Hand „trotz Papst und Rom." Protestantenfresser Ferdinand, der nun „bei Ketzern braucht nicht mehr zu betteln", erkennt mit Beklemmung: „Auch sind im Heer beinah nur Protestanten." Was zwar stark übertrieben; doch selbst der Oberkommandierende, sein Oheim Matthias, wundert sich:

„Und sag ich's nur: die Fähigsten, die Kühnsten,
Die Ketzer sind's, ich weiß nicht, wie es, kommt."

Inzwischen sieht sich angesichts der Türkengefahr auch Kaiser Rudolf auf seinem Prager Hradschin halb gezwungen, mit einem „Majestätsbrief" seinen protestantisch-utraquistischen Böhmen Glaubensfreiheit zu gewähren, 172 Jahre vor dem Toleranzedikt des aufgeklärten Kaisers Josef II. (1781):

„Fluch jedem Krieg! Doch besser mit den Türken,
Als Bürgerkrieg, als Glaubens-, Meinungsschlachten."

Dadurch entschärft Rudolf die angespannte konfessionelle Situation im Lande. Mehr noch, die Prager vermögen sich für ihn zu begeistern. Und gebannt ist der zuvor virulente Rebellionsausbruch:

„Der Huß ist tot, doch neu regt sich der Glaube.
In Prag hält man schon Rat und knüpft Vereine."

Doch wenn auch zwischenzeitlich die Türkengefahr gebannt ist, so rollt auf den Kaiser eine neue politisch-militärische Gefahr zu. Bruder Matthias, der seinerzeit resignieren wollte, der sowohl in den Niederlanden als auch in Ungarn scheiterte, hat sich zum Herrn von Ungarn, Österreich und sogar von Mähren aufgeschwungen und will sich nun (1611) vom Bruder auch noch Böhmen abtreten lassen. Mit Heeresmacht rückt er gegen Prag an. In der Stadt gibt es einige Unruhe; denn nach dem Erhalt jenes Majestätsbriefes mißtrauen die Böhmen zwar nicht mehr ihrem Kaiser, wohl aber den Mächten hinter ihm, „dem Einfluß von Madrid und Rom." In der momentanen Situation wollen sie ihn verteidigen. Dennoch gerät Rudolf in Depressionen:

„Da steht's vor mir! Der Mord! Der Bürgerkrieg!
Was ich vermieden all mein Leben lang,
Er tritt vor mich am Ende meiner Tage."

Sein Neffe, Erzherzog Leopold, bietet ihm Hilfe mittels eines bei Passau aufgestellten Entsatzheeres an. Unveränderte kaiserliche Devise: „Steckt die Schwerter ein, vertragt euch mit dem Feind! Fast, als vernehme man Statthalter Bancbanus. Doch das wankelmütige Volk auf Prags Kleinseite jubelt schließlich dem einziehenden Matthias zu. Rudolf über ihn: „Ich hab ihn nie geliebt, und er ist eitel." Der auf seinem Hradschin faktisch eingeschlossene Kaiser resigniert: „Matthias herrsche denn!" Sein Gemach vergleicht er mit der spanischen Klosterzelle seines Oheims Kaiser Karls V., der nach seiner Vertreibung aus Deutschland daselbst gebrochen seinem Tod entgegendämmerte.

Im V. Aufzug der Tragödie ist Kaiser Rudolf, dessen Tod lediglich gemeldet wird, nicht mehr vorhanden. Wallenstein, zu jenem Zeitpunkt noch Oberst, vermeldet einen „Aufstand in Braunau, Pilsen, weit herum im Land. Schon bis nach Prag erstreckt sich die Bewegung." Nach Wien, wo sich jener Schlußakt abspult, dringt die Kunde vom Fenstersturz aus dem fernen Prag, der den großen Krieg auslöst. Der ganze Akt quillt von Unglaubwürdigkeiten über. Rudolfs Tod 1612 und jener Fenstersturz 1618 so ziemlich an einem Tag! Solche Geschichtsklitterung sollte man freilich Grillparzer als einem Dichter nachsehen. Obwohl er bisher sich ziemlich penibel an die vorgegebenen Historienfakten gehalten hatte.

Unglaubwürdig ist beispielsweise auch Wallensteins Prophezeiung „Der Krieg ist gut und währet dreißig Jahr." Ein Zeitraum, den Grillparzer aus bequemer Rückblende zwar so hinschreiben kann, den jedoch zu jenem Zeitpunkt 1618 kein Zeitgenosse zu prophezeien vermochte.

Noch unglaubwürdiger stellt sich das Schicksal des Kardinals Klesel dar, des wichtigsten Beraters des Thronfolgers Matthias. Mit diesem düsteren Oberbeauftragten für die Durchführung der Gegenreformation in Habsburger Landen ist sich ein Mann wie der Erzherzog Ferdinand ja durchaus darin einig, welche Hindernisse noch zu überwinden sind. Klesel klagt:

„Die Utraquisten wollen Kirchen bauen,
Wozu sie Kaiser Rudolfs Brief berechtigt."

Und Ferdinand jammert ähnlich:

„Ist nicht halb Österreich noch immer protestantisch,
Mit Ketzern nicht besetzt ein jeglich Amt?"

Was schon angesichts der rechtsgültigen Fundamentalmaxime „Cuius Regio, eius Religio" garnicht stimmen kann.

Plötzlich läßt der Erzherzog den Kardinal inhaftieren. Zwar ist historisch verbürgt, daß Klesel, Sohn eines protestantischen Bäckermeisters, 1618 plötzlich verhaftet und nach Rom verbracht wurde. Doch daß das hier ausgerechnet in der Residenz von Klesels Herrn, so gleichsam unter den Augen des Thronfolgers Matthias, des neuen Kaisers, erfolgt, und dieser nur so nebenbei die Freilassung Klesels fordert, das ist schon ärgerlicher als ein Flüchtigkeitsfehler in der Motivierung.

Die Zeitdauer eines Krieges von dreißig Jahren war um so weniger vorauszusehen, als der kränkliche Kaiser Matthias, in seinem Gefolge sowohl Ferdinand als auch Klesel, im Sommer 1617 ganz bewußt dem mächtigsten Territorialherren im Verbund des Deutschen Reiches, dem lutherischen Kurfürsten von Sachsen, einen huldreichen Besuch in Dresden abstattete, zu dem der neue Oberhofkapellmeister Heinrich Schütz die erste seiner damals schnell berühmt gewordenen Staatsmusiken lieferte.

Matthias, den Grillparzer vom Volk als neuen Kaiser lautstark huldigen läßt, wird im Rückblick auf sein bisheriges Leben – Parallele zu „Ottokar" – zu seiner Mea Culpa getrieben:

„Am Ziel ist mir nichts deutlich als der Weg,
Der kein erlaubter war und kein gerechter."
Kein Tatendrang mehr. Keine Sehnsucht nach Herrscherglanz.
„Was sprechen sie von Krieg und dreißig Jahren?
Ich werd' es nicht erleben. Glück genug!
Und überall Lärm! Ich aber brauche Stille."

Und so fühlt er sich dem im Tod vorangegangenen Rudolf verbundener als je zuvor:

„Oh Bruder, lebtest du, und wär ich tot!
Gekostet hab ich, was mir herrlich schien,
Und das Gebein ist mir darob vertrocknet.
Entschwunden jene Träume künft'ger Taten,
Machtlos wie du, wank ich der Grube zu."

Dies also die Historie des „Bruderzwistes", mehr oder weniger fragwürdig in Blankverse verpackt. Und damit erübrigt sich eine spezifische Inhaltsangabe im engeren Sinne.

Grillparzers Drama fehlt der notwendige Handlungsaufriß, das bewegende Tatgeschehen, die Schärfung und Zuspitzung der Konflikte. Wie bereits im „Treuen Diener", noch mehr in der „Libussa" wäre hier erst recht eine epische Gestaltung angezeigt gewesen. Oder besser noch: eine Monographie des leicht psychopathischen Kaisers Rudolf II. in Form einer subtil nachzeichnenden Charakterstudie. Denn dieser hochgeistig bedeutende Mann weckt trotz befremdlicher Eigenarten unser Interesse. Seine Sentenzen reizen zum eigenen Nachdenken und Nachsinnen. Wie sieht sich bei Grillparzer der Kaiser Rudolf selbst?

„Ich bin ein schwacher, unbegabter Mann."

„Ich selber war ein Mann von Dunkelheit."

Während Kaiser Rudolf I. selbstbewußt verkündet: „Ich bin der Kaiser nur, der niemals stirbt", entthront sich Rudolf II. selbst: „Nicht Kaiser bin ich mehr, ich bin ein Mensch." Gleich zu Beginn zu seinem Neffen Ferdinand:

„Der Dinge tiefster Kern ist mir verschlossen.
Doch ward mir Fleiß und noch ein anderes: Ehrfurcht
Für das, daß Andre mächtig und ich nicht."

Nach Möglichkeit kapselt sich Rudolf gegen die Außenwelt ab. Versenkt sich nur zu gern in grüblerische Meditationen So erscheint er oft wie geistesabwesend, von gelegentlichen Absencen heimgesucht, von leichteren Schwächeanfällen gezeichnet. Vor allem jedoch von Mißtrauen und Menschenscheu stigmatisiert. Immer wieder sinnt er Verlockungen und Abgründen des Lebens nach. Gleich dem Hans Sachs in Richard Wagners Meistersingern könnte auch er ausrufen: „Wahn, Wahn, Überall Wahn. Wohin ich forschend blick, in Stadt- und Weltchronik ... ."

Rudolf sehnt sich nach einer sinnvollen Daseinsperspektive. So tritt Kunst, treten Künste wie zwangsläufig in seinen Gesichtskreis. Beglückt schaut er von seinem Fenster oben auf dem Hradschin herab auf die Prager Vedute vor und hinter der Moldau, auf „die Stadt mit ihren Straßen, Plätzen, voll von Menschen." Wissenschaftliche Beschäftigungen reizen ihn zusätzlich. Er fördert die astronomischen Forschungen Johannes Keplers, der nicht weit von ihm in der Kapuzinergasse wohnt. Ihn streift auch Astrologie, die ihn freilich längst nicht so bannt wie später die einem Wallenstein von Seni vermittelte. Er hantiert in einem eigenen Laboratorium: „Ich schmelze Gold in jenem Tiegel"; die Leute aus dem nahen Alchimistengäßchen gehören zu den wenigen bei ihm gern gesehenen Gästen.

Einem solchen Mann müssen Zerwürfnisse oder gar Krieg von vornherein ein Greuel sein:

„Der Krieg, ich haß ihn als der Menschen Brandmal,
Und einen Tropfen meines Blutes gäbe ich
Für jede Träne, die sein Schwert erpreßt."

Er wird immer den Ausgleich, den Kompromiß suchen. Für seine eigene Person treuer Katholik, toleriert er die Protestanten nicht nur in seinem Majestätsbrief von 1609. Den ihn aufsuchenden evangelischen Herzog von Braunschweig nennt er zwar einen Ketzer, aber umarmt ihn freundschaftlich. Rudolf möchte einen Orden der „Friedensritter", diese ohne Ansehen ihrer Herkunft, gründen:

„Aus Männern, die nicht dienstbar ihrem Selbst,
Nein, ihrer Brüder Not und bitteren Leiden.
Auf daß sie weithin durch die Welt zerstreut,
Entgegentreten fernher jedem Zwist, den Ländergier sät."

Von der Menschen „Streitigkeiten angeekelt" will er in seinem kaiserlichen Amt darauf hinwirken, „daß diese Welt" – Libussa läßt grüßen –

„Ein Spiegel sei, ein Abbild Gottes Ordnung,
Daß Fried und Eintracht wohnen brüderlich,
Vom Unrecht ungestört und vom Verrat."

In seinem Abscheu vor der „wildverworrenen Welt" da draußen, vor jeder Art von Aufruhr und Revolution will Rudolf vor allem politisch am Status quo festhalten. Und das ausgerechnet zu einem Zeitpunkt, zu dem die Umsturzkatastrophe vor der Tür steht. Die er zwar ahnt und fürchtet, die er aber durch konsequentes Nichtstun auf dem Thron auszusitzen glaubt. Und durch Bewahrung des überkommenden heiligen Ordnungssystems. Seine kaiserliche Würde für sich allein schon reicht eigner Einschätzung zufolge völlig aus, die divergierenden Kräfte im Heiligen Römischen Reich Deutscher Nation auszubalancieren. Dem Braunschweiger Herzog gegenüber formuliert er das im III. Akt so:

„Damit ich lebe, muß ich mich begraben.
Ich wäre tot, lebt' ich in dieser Welt.
Und daß ich lebe, ist vonnöten, Freund!
Ich bin das Band, das diese Garbe hält,
Unfruchtbar selbst, doch vonnöten, weil es bindet."

Rudolf beharrt entschieden auf Anerkennung seines Gottesgnadentums:

„Gott aber hat die Ordnung eingesetzt."

„Allmächt'ger Gott, der du mich eingesetzt,
Zu wahren deine Ehre und die meine!"

„Mein Haus wird bleiben immerdar, ...
Weil es einig mit dem Geist des All, ...
Den Gang nachahmt der ewigen Natur."

„Soll nicht der Grundbau jener weisen Fügung,

Die Gott gesetzt, und die man nennt, den Staat,
Im wilden Taumel auseinandergehn."

Vor allem deshalb zittert er vor dem seit der Reformation sich herausbildenden Gegensatz, weil dieser nach dem Dominosteineffekt weitere Abbrüche nach sich zieht:

„Der Reichsfürst will sich lösen von dem Reich.
Dann kommt der Adel und bekämpft die Fürsten.
Den gibt die Not, die Tochter der Verschwendung,
Drauf in des Bürgers Hand." – „Der ruft:
Auch mir mein Teil, vielmehr das Ganze!
Sind wir die Mehrzahl doch, die Stärkeren doch,
Sind Menschen so wie ihr! Uns unser Recht!"

Der so tief wie weit blickende Monarch erschrickt vor dem, was sich heutzutage Demokratie nennt. Deren Ordnungsgefüge wäre ihm nur noch blanker Horror:

„Das Volk! Das sind die vielen leeren Nullen,
Die gern sich beisetzt, wer sich fühlt als Zahl."

Konsequenz?

„Und Pöbelherrschaft heißt die Überschwemmung."

Menschenrecht?

„Der Menschen Recht heißt hungern, Freund, und leiden."

Also nun erst recht: Bloß nichts aktiv unternehmen! An dieser bewährten Eigendevise gilt es festzuhalten:

„Denn was Entschlossenheit den Männern heißt des Staats,
Ist meist Gewissenlosigkeit."

Man erinnere sich Goethes ähnlichen Ausspruchs. Und die tragische Auswirkung solchen sich und seinesgleichen verordneten Stillstandes? Die Zeitläufe kümmern sich keinen Deut darum; das robust pulsende Leben geht unaufhaltsam weiter; die eine gesellschaftliche Fortbewegung steuernden Machtinstinkte der Menschen lassen sich nicht bändigen, geschweige denn ausmerzen. Alles bleibt unerbittlich im Fluß. Das Neue stürzt herein. Mit unabsehbar negativen Folgen, wenn der für Gefahrenabwehr und Katastrophenverhütung Verantwortliche dem früh oder spät Unausweichlichen nicht beggnen will. Hier liegt die Tragik des sich zur Passivität selbst verdonnernden Rudolf II.: die in der Zukunft liegenden einsatzbereiten dunklen Mächte will er durch deren permanentes Ignorieren von sich und seinem Reich fernhalten und fördert durch sein stures Nichtwahrhabenwollen deren gefahrenträchtigen Einbruch erst recht.

Rudolfs Ende und den Ausbruch des Dreißigjährigen Krieges läßt Grillparzer unhistorisch-zeitlich zusammenfallen. Rudolf, der am liebsten – wie sein Vorfahr – in ein Kloster hinüberwechselnde Kaiser muß am Schluß gegenüber seinem Neffen Ferdinand eingestehen:

„Wir haben's gut gemeint, doch kam es übel."

„Ich hielt die Welt für klug, sie ist es nicht."

Hinfort will der in seinen letzten Tagen vom eigenen Bruder Matthias in seinem Hradschin quasi-inhaftiert Gehaltene, unverändert in seine Grübeleien Versponnene nun nicht mehr auf das deutsche, sondern nur noch auf das himmlische Vaterland hoffen.

So, wie er von Grillparzer vermittelt dem Lesenden gebenübertritt, fasziniert dieser Rudolf II. durchaus, dieser gekrönte Sonderling und Eigenbrötler, fortgesetzt von Kontemplationen heimgesucht und seiner Ohnmacht sich voll bewußt. Eine auch in ihren Details meisterhafte Charakterstudie! Nicht nur ein Bedeutungsträger wie der erste Rudolf, sondern ein Mensch – trotz Vereinsamung und Distanzhaltung – fast zum Anfassen. Daß dieses dichterische Porträt ungeachtet seiner Raritätskomponenten Grillparzer so lebensvoll geriet, hängt nicht nur damit zusammen, daß der Text in einem langen Leben gewonnene Einsichten, Erfahrungen, Visionen aufnahm, sondern auch eine Teilidentifizierung des nach langem Quellenstudium herausgefilterten Wesens des Kaisers mit dem des sich ebenfalls gegen seine Umwelt abgrenzenden Dichters in sich birgt. Einschließlich der unterschwelligen Angst vor dem Zerfall der Habsburger Monarchie. Rudolf II. also nichts anderes als Grillparzer im Purpurmantel mit Kaiserkrone auf dem Hradschin?

Als Bühnenstück ist der „Zwist" freilich total mißlungen. Von dessen Austragung kann keine Rede sein. Zu einer echten, wirklich hautnahen Auseinandersetzung zwischen den Brüdern kommt es nicht. Spätestens nach dem Einzug des Matthias in Prag wäre eine entsprechende Szene fällig gewesen. Nichts davon! Der letzte Akt findet ohne den Kaiser statt. Im Grunde genommen eine Handlung ohne auch nur angedeutete Höhen und Tiefen. Die vielen Bühnenbilder und Kulissenwechsel verärgern zusätzlich. Die fünffüßigen Jamben lassen sich vielleicht in Rudolfs langen Monologen mit bedeutungsschweren Er- und Bekenntnissen noch verantworten; ansonsten wäre Prosa auch in diesem philosophisch durchsetzten staatspolitischen Historienstück das einzig zuträgliche Stilmittel gewesen.

An Stoffquellen boten sich Grillparzer an vor allem Hormayrs Historienaufriß, aber auch die Khevenhillerschen Annalen und die Klesel-Monographie von Hammer-Burgstall. Im Jahre 1824 notiert er: „Ein dunkles Gewühl von Bildern und Gedanken, die auf einen Kaiser Rudolf II. hinweisen." Konturierter tritt ihm jene Gestalt 1828 vor das innere Gesicht: „Das Tragische wäre dann doch, daß er das Hereinbrechen der neuen Weltepoche bemerkt, die Anderen aber nicht. Und daß er fühlt, wie alles Handeln den Hereinbruch nur beschleunigt."

Im krassen Gegensatz zum „Ottokar" erfolgte die Niederschrift mit langen Unterbrechungen: I. Akt bis 1831, II. bis1839, III. bis 1845, IV. bis 1847, der V. im Revolutionsjahr 1848. Doch gerade die eigenen mit der Revolution gemachten Erfahrungen und die wiederum daraus gewonnenen Überzeugungen ließen den Dichter auch noch in der Folgezeit verschiedene Änderungen vornehmen und am Text feilen. Da Grillparzer auch dieses Drama zu Lebzeiten der Öffentlichkeit nicht zugänglich machte, fand erst nach seinem Tode die von Heinrich Laube initiierte Uraufführung am 24.September 1872 im Wiener Stadttheater statt. Der Beifall des Theaterpublikums blieb matt; eine Dauerresonanz ließ sich nicht erzielen.

Gleichwohl: auch für heutige Betrachter bleibt Kaiser Rudolf II. ein menschgewordenes Unikat oder gar Unikum. Und auch heute noch ist sein Sarkophag zu entdecken: in der hintersten rechten Ecke der Fürstengruft im Prager Veitsdom.

C) SONSTIGE DRAMEN

Auch in diesen Schöpfungen außerhalb der antikisierenden und der habsburgisch-vaterländischen Dramen blüht Grillparzers unerschöpflicher Phantasiereichtum auf.

Auch in ihnen wächst der Stellung der Geschlechter zueinander eine bedeutsame dramaturgische Funktion zu. Männern, die sich niemals zum Heldenhaften fortentwickeln, stehen selbstbewußte Frauen gegenüber. Und letztere sind es, denen Grillparzer bei seiner profunden Erfassung der weiblichen Seelenlage unverändert die bewährte meisterhafte psychologische Diagnostizierung angedeihen läßt.

„Wer Vieles bringt, wird Manchem etwas bringen", dieses Goethewort fand – eher unbewußt – in Grillparzers Brust sein Echo. Ein sich weit auffächerndes Echo: eine Schicksalstragödie, ein Traumspiel, eine Komödie, ein gravitätisches Staatsdrama. Doch jedes dieser Dramengebilde ist, wie Hoffmannsthal in seiner Grillparzerwürdigung von 1922 zutreffend hervorhob, „dem Stil nach völlig ein Gebilde für sich. Jedes ... erschiene innerhalb der dramatischen Gattung als die Vertretung einer Gattung für sich."

In seinem Gedicht „Nationalökonomie" ruft sich Grillparzer selbst zu, und das gilt besonders für seine nachstehend vorgeführten Musenkinder:

„Vertreibt die Phantasie
Nicht aus der Poesie!"

1. Die Ahnfrau

Berta Gräfin Borotin, Ahnfrau eines Adelsgeschlechtes, wurde einst von ihrem Ehemann in den Armen eines Liebhabers ertappt und mit einem Dolch getötet. Seitdem irrt sie als Gespenst nachts ruhelos umher und zeigt sich ihren Nachfahren im Schloß immer dann, wenn ein Unglücksereignis bevorsteht; nur dann werde sie Ruhe finden, wenn das Borotingeschlecht restlos ausgelöscht sei.

An einem Abend sucht den jetzigen Schloßherrn, den Zdenko Grafen Borotin, und dessen Tochter Berta ein junger Flüchtling auf. In ihm erkennt Berta ihren Retter aus Räuberhand. Liebe blüht auf. Der alte Graf ist nicht abgeneigt, seine Tochter diesem Jaromir von Eschen zur Frau zu geben.

Das Schloß wird von Soldaten umstellt, die den Hauptmann einer die Gegend verunsichernden Räuberbande suchen. Jaromir beichtet Berta, der Gesuchte zu sein, flieht und verwundet in der Dunkelheit mit dem Ahnendolch den ihm ebenfalls nachsetzenden Grafen ohne Vorsatz tödlich. Der Graf erfährt noch, daß Jaromir sein Sohn ist, von dem er bisher annahm, er wäre im Alter von drei Jahren ertrunken. Da nun Jaromir auch noch als ihr Bruder identifiziert wird, vergiftet sich Berta. In der Schloßgruft nimmt die Ahnfrau den verzweifelten Jaromir in ihre Arme, bettet den Toten neben die bereits eingesargte Berta und begibt sich ihrerseits zur endgültigen Ruhe.

In seinem Bühnenerstling ist Grillparzer dafür zu loben, daß die von Abend bis Mitternacht nur wenige Stunden abdeckende und ursprünglich nur ein Bühnenbild erfordernde Handlung wenigstens in ihrem Grundgeschehen spannungsreich angelegt ist und trotz vorherrschender Düsternis facettenreiche Stimmungsfelder schafft.

Daß die – durch Text und Bild gut geführte – Ahnfrau nicht im IV. Akt auftritt, ist auf die unglückliche Erweiterung IV./V. Akt zurückzuführen, zu der den Dichter der Theaterdramaturg Schreyvogel zwang. Es bleibt nicht ohne Wirkung, daß die Ahnfrau im I. Akt sich dem Grafen Borotin so nähert, daß er sie danach für ein Alptraumgebilde hält. Daß sie im II. Akt – ähnlich dem Geist in Hamlets III. Akt dort nur vom Sohn, aber nicht von der Mutter – nur von Jaromir, nicht aber von Berta wahrgenommen wird. Und wie sie ganz am Schluß Jaromirs Leben auslöscht.

Vortrefflich an gelegt ist die Rolle der Berta, die der Ahnfrau zum Verwechseln ähnlich sieht. Welch schwere, ihrer Seele zunehmend auferlegte Last, in dem Bräutigam Jaromir von Eschen erst ihren Befreier von den Räubern, dann einen Räuberhauptmann, zuletzt den eigenen Bruder erkennen zu müssen! Was sie fast zwangsläufig in den Selbstvergiftungstod treiben muß.

Gut gezeichnet auch der alte Graf, der unbeabsichtigt dem gleichen Dolch zum Opfer fällt wie die ehebrecherische Ahnfrau Anno dazumal.

Dennoch überwiegen die Nachteile des Bühnenstückes, das es schließlich sein soll. Vierfüßige, streckenweise sogar gereimte Trochäen, gelegentlich sogar mit poetischem Glanz ausgestattet, müssen eine Aktion über fünf Akte dehnen, für deren Ablauf ein raffender Einakter genügt hätte.

Zu Beginn läßt sich für die Verskettenallonge noch Verständnis aufbringen, wenn der Graf für die vorgeschichtliche Exposition sorgen muß, die den Theaterbesuchern nicht vorenthalten bleiben darf. Doch bereits während des den vorzeitlichen Ehebruch betreffenden Referates des alten Kastellans schleicht sich Langeweile ein. Die sich im II. Akt noch steigert anläßlich des weitschweifigen Bandenbekämpfungsberichtes des Soldatenhauptmannes. Danach in Strophen gefaßte, etwa 70 gereimte Verse der Berta vor Jaromirs Tür. Im III. Akt werden Dialoge zu Monologen, wenn der innerlich zerrissene Jaromir seine Räuberbiographie Berta übermittelt (50), die Verprellte anfleht, dennoch die Seine zu werden (70) und schließlich (30) den an der Wand hängenden Dolch ergreift. Den von Schreyvogel verschuldeten V. Akt hat es da am schlimmsten erwischt. Nur von Boleslavs Einzeilern unterbrochen, monologisiert Jaromir ob der Aufdeckung seiner gräflichen Herkunft (90), nach der Erkenntnis, den eigenen Vater tödlich verwundet zu haben (147) und schließlich nach dem Blick in die sich erhellende Schloßkapelle (75). Und das in einer Zeitphase, in der eine Bühnenhandlung drängender als bisher accelerando ihrem Ende entgegeneilen muß!

Das aus heutiger Sicht besonders Negative: Die „Ahnfrau" ist eine zeittypische Schicksalstragödie. Was Grillparzer immerfort in Abrede zu stellen versucht hat.

In einer echten Tragödie setzen der Protagonist/die Protagonistin selbst die Bedingung, die ihn/sie am Schluß zu Fall bringt. In der Grafenfamilie Borotin hingegen gibt es keine Täter, sondern nur Opfer. Nicht einmal die ehebrechende Ahnfrau erweist sich als Täterin, sondern als Opfer ihres rachedürstenden Ehegatten. Dennoch wird sie gezwungen, nachts als Umhergeisternde die Insassen des Hauses in panische Angst zu versetzen. Wer hat sie dazu verdammt, in ihrem Grab nicht zur Ruhe zu kommen? Erlösung erst, wenn alle unschuldigen Nachfahren ebenfalls das Zeitliche gesegnet haben? Also die Borotins ausgestorben sind?

Das blinde Schicksal ist es. Es einzig und allein bestimmt – hinter ihm ein Kometenschweif düster verhüllter Mächte – Aktionsverlauf und Lebensende der vorgeführten Menschen. Welche dem auf sie zukommenden Verhängnis nichts entgegensetzen können und dürfen. Notwendigkeit ohne Sinn! Zwang ohne Zweck!

Eine zutiefst unbefriedigende Konstellation auf den deutschen Wortbühnen während des Erstdrittels des 19. Jahrhunderts! Doch die meisten Theaterbesucher zu jener Zeit, in der Romantik, Biedermeier und aufkommender Realismus sich wechselseitig zu durchdringen suchten, stießen sich nicht im geringsten an solchen Schicksalstragödien. Die ja dann oft genug mit prickelnden Schauerreizen angereichert waren.

Zacharias Werner hatte 1809 den Reigen mit seinem „24.Februar" eröffnet. In dem Stück lastet der Fluch des Vaters auf der Ehe von Kunz und Trude Kuruth. Deren Sohn ermordet die Tochter. Später der Vater den unerkannt heimkehrenden Sohn.

Houwald, mit Schicksalstragödien wie „Leuchtturm" oder „Das Bild" ebenfalls sehr erfolgreich, läßt in der „Heimkehr" (1818) Hanna Dorner ihren als Frontsoldaten vermißten Ehemann für tot erklären und heiratet den biederen Förster Wolfram. Unerkannt kehrt nach 18 Jahren Dorner zurück, will in rasender Eifersucht Wolfram umbringen und vergiftet sich in einem plötzlichen Anflug von Barmherzigkeit selbst. Was dann in weitere Dramen jener Bauart immer mehr Rührseligkeit Einzug halten läßt.

Zwischen Werner und Houwald der weithin wirkungsmächtige Müllner, der in seinem Einakter „Der 29. Februar" einen Walter Horst ahnungslos seine Schwester heiraten läßt; von den beiden Kindern aus dieser Ehe ertrinkt die Tochter, während der Vater seinen Sohn auf Verlangen ersticht, nachdem er über seine Blutschande aufgeklärt worden war; die Mutter ihrerseits verspricht dem Vater, seiner Hinrichtung beizuwohnen. Müllner will „das aus blindem Zufall, menschlichen Fehltritten und menschlicher Bösartigkeit gewebte Kausalitätsband sichtbar machen, wodurch das Verbrechen eines Menschen mit den gleichgültigsten Begebenheiten vor seiner Geburt zusammenhängen kann!" Immerhin! Doch das Schicksal dominiert auch hier. In einer anderen Tragödie weissagt ein altes Bettelweib einem spanischen Grafenehepaar, der jüngere Sohn werde den älteren ermorden. Viel später passiert das auch; der Jüngere heiratet des Älteren Witwe. Aufgeklärt vom alten Grafen nehmen sich die neuen Eheleute das Leben. Doch zuvor bekennt der jüngere Bruder: „Ich bin bös nicht von Natur. Allein das Schicksal führt auf böse Wege mich.– Der Mensch tut nichts; es waltet über ihm verborgener Rat; auch er muß, wie dieser schaltet."

Diese Müllnertragödie „Die Schuld" sollte für den jungen Grillparzer Bedeutung gewinnen. Denn sie wurde im April 1813 im Wiener Burgtheater mit nachhaltigem Erfolg uraufgeführt und lud zu Vergleichbarem ein. Noch hatte Bühnenreformator Tieck als Dresdner Hoftheaterdramaturg nicht seine überall gehörte Stimme erhoben gegen die trivialen Liebesromanzen und Klatschgeschichten im Rahmen jener Schicksalsdramen, die dem Dresdner Publikum „ein verdächtiges Vergnügen am Ekelhaften und Gemeinen" bereiten.

Angeregt durch die Lektüre einer französischen Novelle des Abbé Regley und des Romans „The Monk" von Matthew Gregory Lewis schrieb Grillparzer seine Schicksalstragödie in vierfüßigen Trochäen mangelhaften Zuschnitts mit dem Resultat Drei Tote, ein Gespenst i.r. während eines Monats im August/September 1816 und mußte sich im Oktober zu der von Schreyvogel verlangten Erweiterung bequemen. Selbstbewußt erklärte er, daß „das Ganze bestehen könne, auch wenn man die Ahnfrau herausnimmt."

Doch zum enormen Publikumserfolg anläßlich der am 31.Januar 1817 im Theater an der Wien stattfindenden Uraufführung, der dem von Müllners „Schuld" vier Jahre zuvor gleichkam und den Namen des Autors über Nacht berühmt machte, trug dann doch wohl das schauerlich gespenstische Auftreten der Ahnfrau Berta Gräfin Borotin maßgeblich bei.

Auf den meisten deutschen Bühnen wurde die „Ahnfrau" alsbald nachgespielt und teilte dort die modebedingte Gunst des Publikums für jene banalen Elaborate Werners, Müllners und Houwalds. Während deren Reproduktion in der Zweithälfte des 19. Jahrhunderts versiegte, bereicherte die „Ahnfrau" immer noch die Spielpläne bis zur Zeitstufe des anhebenden Naturalismus; besonders die „Meininger" präsentierten sie, die an poetischem Gehalt die anderen Schicksalstragödien eben doch überragte.

Im anbrechenden 20. Jahrhundert verschwand dann auch Grillparzers Bühnenerstling in der Theaterlandschaft. Bei einer Aufführung heutzutage würde die „Ahnfrau" wahrscheinlich einen unbeabsichtigten Lacherfolg provozieren.

2. Der Traum ein Leben.

In einer von einem überbrückten Fluß geteilten Waldgegend nahe der Stadt Samarkand wird der König von einer Schlange verfolgt. Ein Mann auf einem nahen Felsen tötet sie mit seinem Speer, zieht sich aber sofort zurück. Deshalb hält der aus einer Kurzohnmacht erwachende König den von seinem Negersklaven Zanga begleiteten Rustan für seinen Erretter.

Rustan, der die Schlange mit seinem Speer verfehlt hatte, unterhält des Königs Irrtum, nutzt die entstandene Situation aus und läßt sich auch von der mit Hofgefolge eintreffenden Königstochter Gülnare bewundern. Nach dem Abgang des Königs und der Seinen tritt der Felsenmann lohnfordernd in den Weg. Rustan erdolcht ihn auf der Brücke.

Am königlichen Hof zu Samarkand wird Rustan vom König mit Ehren überhäuft und soll die Hand dessen Gülnare erhalten. Die Leiche des Felsenmannes wird entdeckt; seine Angehörigen fordern eine öffentliche Untersuchung der Todesursache. Um seine bereits privilegierte Stellung nicht zu gefährden, läßt Rustan dem König einen vergifteten Trank zukommen. Als der daran stirbt, lenkt er den Mordverdacht auf den Vater des Felsenmannes, der sich gerade beim König aufhielt. An Gülnares Seite herrscht Rustan nun im Lande, schlägt siegreiche Schlachten, entwickelt aber immer mehr ein tyrannisches Regiment. Als dennoch hinsichtlich seiner Untaten die Verdachtsmomente im Volk sich verdichten, und als sich sogar Gülnare von ihm abwendet, bleibt ihm in Begleitung Zangas zuletzt nur noch die Flucht. Doch seine Verfolger holen ihn in jener Waldgegend ein. Rustan bleibt nur noch der Suicid durch Sturz von der Brücke.

Dieser Traum hat in Wirklichkeit Rustan eine Nacht lang heimgesucht, auf seinem Lager in der Bauernhütte seines Oheims Massud.

Vor jener Nächtigung wollte er Massud und dessen Tochter Mirza gleichsam urlaubshalber verlassen, um mit Zanga draußen in der großen Welt tolle kriegerische Abenteuer zu bestehen und auch sonst kräftemäßig sich einmal so richtig auszutoben. Trotz dem Trennungsschmerz seiner Rustan liebenden Tochter Mirza will Massud ihn nicht zurückhalten. Rät ihm jedoch, wenigstens noch die bevorstehende Nacht in seiner Hütte zu verbringen und sein abenteuerliches Vorhaben zu überdenken. Rustan bleibt; ihn überkommt nun jenes nächtliche Traumerlebnis von Samarkand.

Nach dessen entsetzlichem Abschluß findet sich Rustan zerschlagen morgens auf seinem Lager in Massuds Hütte langsam wieder. Er begreift endlich, welchen unabsehbaren Gefahren er sich mit seiner bisherigen Abenteuerlust aussetzen würde. Und will nun auf Massuds Gut hinfort das friedliche Leben eines arbeitsamen Landwirts führen. Er entläßt Zanga in die Freiheit. Massud führt ihn mit seiner Tochter Mirza zusammen.

Die Traumhandlung läßt den wiedererwachten Rustan drastisch erkennen, welche Verbrechenskeime auf dem Grunde seiner Seele schlummern. Und wie schnell er auf solche Verbrechensbahn geraten könnte, würde er sich dem anfangs so heiß ersehnten Abenteurerleben in die Arme werfen.

Seine geträumte Deliktserie unter Zangas Assistenz kann sich sehen lassen: Irreführung des Königs hinsichtlich der vorgetäuschten Lebensretterfunktion. Um jenen Irrtum aufrecht zu erhalten, Erdolchung des wirklichen Lebensretters, des Felsenmannes. Als dessen Leiche gefunden wird, und der Verdacht insofern auf den König selbst fällt, als er diesen zuvor von seinem Hof verbannt hatte, läßt Rustan vorsorglich dem König einen Giftbecher reichen. Lenkt aber solchen Mordverdacht auf den gerade beim Monarchen weilenden stummen Kaleb. Den nun wieder läßt er aus dem Verkehr ziehen, als sich Unmut über ihn selbst als den neuen Gewaltherrscher in der Bevölkerung verbreitet.

Überzeugend vermittelt Grillparzer dem Theaterbesucher die quälenden Alpträume Rustans ob seiner Untaten. Aber auch die überraschenden szenischen Verwandlungseffekte innerhalb des III. Aktes, die sogar Mirza und Massud ins Bild bringen. Am aufwühlendsten natürlich auf jener Brücke, als sich der Flüchtende vor seinen Verfolgern in die Fluten des Flusses stürzen muß. Und wie sein Angstschrei übergreift in das reale Erwachen am nächsten Morgen in Massuds Hütte!

Schon seinerzeit wird sich das Burgtheaterpublikum zusätzlich delektiert haben an den von Grillparzer geforderten bühnentechnischen Verwandlungskünsten, die sich bei einem Zaubermärchen ausnahmsweise rechtfertigen. Die beiden Übergänge Wachsein-Traum und Traum-Erwachen hat er sehr sorgfältig in Szene setzen lassen und mit Akribie vorgeschrieben, was die Kulissenschieber dabei alles zu beachten hätten.

Eigenartig undeutlich gezeichnet ist Rustans zynischer, keiner Reue zugänglicher Negersklave Zanga, immer bereit, zu Untaten anzustiften, und den sein Herr zum Schluß freigibt. Den Rustan selbst als „Versucher" apostrophiert, der sich Mirza als dessen Böser Geist offenbart, den – so ein Samarkander – „der Abgrund ausgespieen." Immerhin bleibt dieser negroide Mephistopheles neben Rustan der Einzige, der in allen Akten des Märchens auftritt.

Das gelegentliche Ineinandergreifen von Traum und Wirklichkeit verwirrt leicht, bietet dann freilich auch Anlaß zu besonders poetischen Textausformungen.

Das von Calderon übernommene und bereits in der eigenen „Ahnfrau" praktizierte Versmaß des vierfüßigen, partiell gereimten Trochäus begünstigt in diesem Zaubermärchen melodisch sogar die monologisierenden Partieen, die in anderen Grillparzers Dramen, namentlich in den habsburgischen blankversgeprägten so schnell in ermüdende Langeweile hineinführen.

Calderons Schauspiel „Das Leben ein Traum" wurde seit dem Juni 1816 in den Spielplan des Wiener Burgtheaters aufgenommen. Ein entsprechender Theaterbesuch wird Grillparzer, der einige Passagen daraus aus dem Spanischen ins Deutsche übertragen hatte, sicherlich beeindruckt haben. Denn bereits im Herbst 1817 schreibt er den I. Akt seines „Traum ein Leben" nieder, der dann als Fragment alsbald in einem Taschenbuch erscheint. Viel später (1834) erinnert sich der Dichter: „Die erste Idee dazu entstand in mir unmittelbar nach Aufführung der Sappho."

Allerdings besteht keine stoffliche Fundbeziehung zu Calderon, sondern allenfalls zu einer Erzählung Voltaires und zu einem Epos Klingers. In Calderons Stück empfindet die Hauptfigur Sigismund zwischen den Transporten Gefängnisturm-Residenz und Residenz-Gefängnisturm ihre real durchlebte, begrenzte Zeit als übler königlicher Machthaber nachträglich als etwas Alptraumhaftes. Während bei Grillparzer ein Traumgeschehen als Läuterungselixier den Rustan zu einem ganz anderen Menschen ummodelt. Bei Calderon ermöglicht handfest durchstandene Wirklichkeit, bei Grillparzer das Traumerlebnis den positiven Reifeprozeß des Protagonisten.

Nur oberflächlich berührt sich Grillparzers Stück mit der traditionellen Wiener Zauberposse. Deren Autoren hätten alle möglichen Märchenfiguren und Zaubergeister in Samarkand agieren lassen; Grillparzer beschränkt sich auf bunte Kulissen und auf vereinzelte Dingsymbole. Doch hat die Nähe zu den farbenfrohen Märchenstücken auf den Wiener Vorstadttheatern Entscheidendes zum Publikumserfolg beigetragen.

Was die äußere Strukturierung anlangt, hätte der Autor besser daran getan, den ersten Kulissenwechsel im IV. Akt wegzulassen, die in Samarkand spielenden Akte mit I bis III zu numerieren sowie den I. Akt als Prolog, den IV. Akt nach dem dritten Kulissenwechsel als Epilog auszusondern, um die Rahmenhandlung auch in der äußeren Mitteilungsform deutlicher zu kennzeichnen. Wenn auch ganz unterschiedlichen Handlungsverlaufes, so bietet sich doch in Manchem eine überraschende Ähnlichkeit mit Carl Maria von Webers fast zeitgleichem Oberon, der an vergleichbaren Strukturierungsproblemen leidet. Jedenfalls war Grillparzers Beitrag zur deutschen Romantik nirgends so eindeutig wie in diesem „Dramatischen Märchen".

Die restlichen Akte dichtete er 1826 bis 1832. Die Uraufführung im diener Burgtheater am 4.Oktober 1834 klang in einen rauschenden Erfolg aus, der dem Stück fast bis in die Gegenwart hinein treu blieb. Und auch schon den Leser wird beispielsweise während der Ode des geläuterten Rustan an die aufgehende Sonne echte Rührung statt Rührseligkeit überkommen.

3. Weh dem, der lügt!

Seinem Dienstherrn, dem Bischof Gregor von Chalons gegenüber erbietet sich Küchenjunge Leon, dessen in Geiselhaft gehaltenen Neffen Atalus in der Burg des Geiselnehmers, des Rheinpfalzgrafen Kattwald, zu befreien. Für diese Exkursion stellt der Bischof lediglich eine einzige Bedingung; Leon solle, in welche problematische Situationen er auch immer gerate, niemals lügen.

Auf dem gemeinsamen Wege nach Trier überredet Leon einen armen Pilger, ihn als seinen Sklaven an den Grafen Kattwald zu verkaufen. Der Coup gelingt. Und der von dem Geschäft völlig überraschte Pilger kann mit dreißig Pfund seines Weges weiterziehen. Der pfiffige, so einfallsreiche wie verschlagene, obendrein meist gutgelaunte und dreiste Leon zieht sich als neuer erfolgreicher Küchenchef in der Burg bald des Grafen Sympathie zu. Noch mehr die dessen Tochter Edrita, die am nächsten Tag den dümmlich-plumpen Galomir heiraten soll. Über die er aber an den gefangenen Atalus herankommt, der seinerseits ein Auge auf Edrita geworfen hat. Den Abendfestschmaus vor dem Hochzeitstag nutzt Leon, die gemeinsame Flucht mit Atalus vorzubereiten. Er pfeffert und würzt die Speisen für die Festgesellschaft derart scharf, daß viel mehr Wein als üblich verbraucht wird. Während Kattwald seinen Rausch ausschläft, gelangt Leon mit Edritas Hilfe an den Burgpfortenschlüssel, während Atalus einen Brückenpfosten ansägt. Die Flucht der Beiden gelingt, der ihnen nachsetzende Galomir fällt mitsamt der einstürzenden Brücke in den Burggraben.

In einem Waldstück schließt sich Edrita den Flüchtigen an. Leon will sie von ihrem Vorhaben abhalten, weil er dann als Entführer gelten könnte. Doch Edrita ist zur Flucht umsomehr entschlossen, als sie dem verfolgenden Galomir und dessen Leuten nicht in die Hände fallen will. Den können sie zwar vorübergehend aufhalten; doch am nächsten Flußufer wären sie mit ihrer Flucht fast gescheitert. Vor dem Metzer Festungstor werden die Drei dann doch von Galomir und den anderen Verfolgern eingeholt. Aber die Stadt ist überraschend von den Mannen des Bischofs eingenommen worden. Überglücklich umarmt der Bischof seinen freigekommenen Neffen. Der verzichtet schließlich auf Edrita, als er erkennt, daß deren Herz sich inzwischen seinem Fluchthelfer Leon zugewandt. hat. Und der Bischof ebnet Leons Lebensbund mit der Grafentochter, indem er seinen Küchenjungen in den Stand eines weiteren Neffen erhebt.

Gleich zu Beginn kennzeichnet im bischöflichen Schloßgarten von Dijon der Hausverwalter das leidige Problem seines Herrn und damit die Ausgangslage der Handlung:

„Wo er betrübt im Inneren seiner Seele,
Weil Jahrestag gerade, daß sein frommer Neffe,
Sein Atalus, nach Trier ward gesandt
Als Geisel für den Frieden, den man schloß.
Allwo er jetzt, da neu entbrannt der Krieg,
Gar hart gehalten wird vom grimmen Feind,
Der jede Lösung unerbittlich weigert."

Seinem Küchenjungen Leon gewährt der Bischof Urlaub, damit dieser auf der Burg des Rheinpfalzgrafen Kattwald die Flucht des Atalus in die Wege leiten kann.

Ergötzlich ist nun zu verfolgen, wie der clevere Leon versucht, an sein Ziel zu gelangen. Und wie gleichzeitig Grillparzer von seinem chronisch grüblerischen Trübsinn mit kraftvollem Humor und befreiendem Lachen vorübergehend loskommt.

Gleich zu Beginn Leons Einfall, den armen Pilger zu überreden, ihn als Sklaven an Kattwald zu verkaufen. Der darob völlig Konsternierte darf mit dreißig Pfund Geldes beglückt seine Pilgerfahrt fortsetzen, während sich Kattwald einen Meisterkoch einhandelt, der es wahrhaftig nicht nur auf die Zubereitung schmackhafter Speisen abgesehen hat.

Nur mit Widerhaken läßt sich Atalus in Leons Fluchtplan einbinden. Der treibt so viel Schabernack mit dem Küchenpersonal, daß selbst Kattwald darüber schmunzeln muß und die sonstigen Worte des neuen Küchenchefs nicht mehr ganz ernst nehmen kann. Das wird plötzlich an einer Stelle entscheidend wichtig:

Kattwald: „Mein Freund, du schnüffelst mir zu viel herum
Und spionierst merk ich nach allen Seiten.
Du suchst wohl den Genossen nur zur Flucht?"

Leon: „Erraten, Herr! Zu Zweien läuft sich's besser."

Diese Antwort erfolgt so augenzwinkernd frech und zugleich komisch, daß Kattwald dadurch, daß Leon objektiv die Wahrheit sagt, nun erst recht vom Gegenteil überzeugt ist und Leon einen Fluchtversuch gemeinsam mit Atalus nicht zutraut.

Den nächsten Beweis seines Einfallsreichtums liefert Leon anläßlich der Zubereitung des abendlichen Festschmauses:

„Nun hoff' ich, daß der Wein, die. fremden Speisen,
Die ich zumal gepfeffert und gewürzt,
Daß sie zum Trunk wie Sommerwärme laden.
Davon hoff' ich die Herren so bewältigt ...."

Die Rechnung geht auf. Edrita bestätigt die Wirkung bei ihrem Vater:

„Er hat des Weins so viel in sich gegossen
Und liegt nun schon und schläft."

Mit Hilfe von Edritas Beschaffung des Burgpfortenschlüssels gelingt die nächtliche Flucht. Auf Leons Anstiftung hin hatte Atalus inzwischen einen Brückenpfosten gelockert. Als Bräutigam Galomir den Flüchtigen hinterher will, bricht er deshalb auf und mit der Burgbrücke ein und landet unten im Graben. Der visuell unmittelbarste Gag!

Bald danach gesellt sich Edrita im Wald den Flüchtenden zu, auch, um der ihr bevorstehenden Hochzeit mit dem ihr unsympathischen Galomir zu entgehen:

„Ich will ihn nicht, ich sag's auch nur, ich will nicht.
Nehmt mich mit euch, ich bin euch wohl noch nütz."

Doch gerade das erweist sich als Irrtum, als sich Edrita am Flußrand dem Fährmann des übersetzenden Bootes als Kattwalds Tochter ausgibt. Denn zwischenzeitlich hatte sich der Fährmann zu einem Gegner seines Grafen gewandelt. Die Ironie will es nun, daß Leon ungeachtet der damit verbundenen Gefährdung bewußt die Wahrheit, vor dem Grafen und dessen Leuten auf der Flucht zu sein, verkündet. Und gerade dadurch den Fährmann veranlaßt, die Flüchtlinge über den Fluß zu bringen.

Köstlich die Dialoge, in die der Küchenjunge und spätere Koch seine jeweiligen Gesprächspartner verstrickt: die Preisfeilscherei mit Kattwald anläßlich des „Sklavenverkaufs" in Gegenwart des noch garnicht vollorientierten Pilgers. Wie er als neuer Chef das gräfliche Küchenpersonal auf Vordermann bringt. Während der Speisenzubereitung zum anfänglichen Mißvergnügen Kattwalds singt und pfeift und sich dadurch zum „Künstler" hochstilisiert. Sein Gespräch mit der hellwachen Edrita, der es vor der morgigen Hochzeit mit dem „dummen Galomir" graut; in dessen Verlauf sich Beide dann doch schon so nahe kommen, daß Leon es sogar wagen kann, ihr zu jenem Bund versteckt grinsend auch noch zuzureden: „Die dummen Männer sind die besten." Wie er bei Kattwald, wie schon erwähnt, den Spionageverdacht ausräumt, indem er denselben gerade bestätigt. Dazu die nächtliche Szene mit Kattwald in dessen Schlafzimmer anläßlich der gemeinsamen Schlüsselsuche!

Ganz unterschiedlich die Einstellung Edritas zu den drei Männern, die sie begehren. Zu dem halbverblödeten Galomir, dem sie entrinnen will. Zu Atalus, der ihr völlig geichgültig ist. Und zu Leon, der sie in Schwingungen versetzt.

Leon warnt Atalus davor, sich in Edrita zu vergaffen:

Atalus: Sie will mir wohl.
Leon: Das merkt' ich nicht.
Atalus: Seit langem.
Leon: Doch schien es mit, als lacht' sie über Euch.

Leons edler Charakter geht Edrita auf jener Flucht auf, von der er sie abbringen will. Weil es Unrecht wäre, einem besorgten Vater einfach so zu entlaufen.

Seine Uneigennützigkeit gegenüber Atalus gründet sich allerdings ausschließlich auf seine Treuepflicht gegenüber dessen bischöflichen Oheim:

„Weil er Euch liebt, drum sandt' er mich hierher.
Wär's nicht um ihn, ich ließ Euch längst im Stich."

Ganz zum Schluß überschaut Bischof Gregor sehr schnell die Beziehungen zwischen den drei Geflüchteten. Edrita gefällt auch ihm: „Ich sehe, daß sie hold und wohlgetan" Edrita zu Leon: „War ich gleich anfangs dir nicht denn geneigt?" Leon: „Das Mädchen liegt mir selbst im Sinn." Und obwohl ihrer fast schon sicher, spielt er den überlegenen Großzügigen: „Will sie mich nicht, mag sie ein Andrer haben." Bei solcher Konstellation, bleibt nun freilich dem Atalus vor dem Angesicht des Oheims nichts anderes als der Verzicht auf Edrita:

„Ich denke, Herr, das Mädchen dem zu gönnen,
Der mich gerettet, ach, und den sie liebt."

Darauf der Bischof: „Sie mögen sich vertragen." Worauf sich Leon und Edrita in die Arme stürzen.

Zu jenem späten Zeitpunkt scheint der Bischof selbst nicht mehr vom Sinn seiner rigorosen Gebotsforderung, niemals die Unwahrheit zu sagen, überzeugt. Mittelbar konzediert er, einer „Täuschung" erlegen zu sein. Obwohl Leon ansonsten des Bischofs Auflage nachkommt, lügt er gleich anläßlich der ersten Begegnung mit dem Grafen Kattwald diesen ganz frech und ungerührt an: er wäre Pilgersklave und verkaufsfeil. So sehr die Wahrheit im menschlichen Zusammenleben, namentlich innerhalb von Treueverhältnissen aller Art (Beruf, Ehe, Freundschaft) stets obsiegen sollte, erscheint die Auffassung des Bischofs gleichwohl etwas abartig, zumindest lebensfremd. Schon angesichts einer plötzlich auftauchenden Notwendigkeit von Notlügen. Und im Kanon der zehn Gebote/Verbote ist im Unterschied zu Tötung, Ehebruch, Diebstahl, Raub und Denuntiation die bloße Lüge auch nicht aufgeführt. Mithin zeigt der Lustspieltitel einen gewissen Schwachpunkt in der Konzeption des Dichters an.

Fast überflüssig ist der Unterschied, den Grillparzer zwischen den christlichen Franken westwärts und den heidnischen Bewohnern in der Rheinpfalz ostwärts ähnlich dem zwischen dem Griechen Jason und der Barbarin Medea sich auftun läßt. Leuten mit den „feinen Sitten" hier, Barbaren da. So bleibt es denn auch ziemlich unmotiviert, wie Edrita, kaum des Bischofs ansichtig geworden, auch gleich ihre Aufnahme in die christliche Kirche begehrt.

Innerhalb der Akte ließe sich der Kulissenwechsel teilweise vermeiden, auch wenn er sich mit Hilfe der modernen Drehbühne technisch bewältigen läßt. Die Fesselung Galomirs an einen Baum im IV. Akt befremdet.

Trefflich sind die Personen der Handlung charakterisiert. Mit dem munteren, wendigen, flinken, so kecken wie kessen, obendrein mit schneller Auffassungsgabe, Mutterwitz, flotten Sprüchen auffallenden und nie um Ausflüchte verlegenen Küchenjungen Leon hat Grillparzer eine Glanzrolle sui generis geschaffen. In dem prinzipienfesten Bischof dürfte er teilweise sich wohl selbst konterfeit haben.

Das fünffüßige Jambenversmaß stört vor allem in den Außenakten nicht den Ablauf der Handlung; eher gewisse sperrige Wortfolgen und vertrackte Satzbildungen. Im Gegensatz zu dem langen Monolog des über Wahrheit und Lüge meditierenden Bischofs erweist sich zum Schluß der ebenfalls 50 Verse überschreitende Monolog des Leon vor dem Scheunentor als reichlich inhaltsarm und deplaciert. Grillparzer, der den Bühnenstoff der Historica Francorum des Gregor von Tours (aus dem 6.Jahrhundert) entlehnt hatte, schrieb seine einzige Komödie zwischen den Jahren 1824 und 1837. In jener Zeitphase stand ihm die charmante Heloise Höchner sehr nahe.

Anläßlich seiner Uraufführung am 6. März 1838 war dem Stück ein eklatanter Durchfall mit Pfiffen und Zischen beschieden. Vor allem die adligen Theaterbesucher empörten sich über die Verehelichung einer Grafentochter mit einem Küchenjungen. Teilweise auch schon zuvor über die permanente Übertölpelung des Grafen Kattwald durch jenen Leon. Der Dichter seinerseits schob den Mißerfolg freilich dem Galomir-Darsteller in die Schuhe; denn dieser „glaubte ihn gar nicht genug als Idioten, als Cretin halten zu können. Ganz unrichtig!" Doch die Pressekritik zeigte sich auch nicht viel freundlicher.

Im Zustand tiefster Niedergeschlagenheit und Verbitterung zog sich Grillparzer hinfort von der Bühne radikal zurück. Wohl vor allem deshalb, um nicht noch einen weiteren Mißerfolg zu riskieren; der dann sein sich bereits stabilisierendes hohes Ansehen als Dichter hätte vollends ramponieren können. So setzte sich denn erst so richtig nach seinem Tod „Weh dem, der lügt!" als eines der besten beständigen deutschen Lustspiele auf den Theaterspielplänen durch.

4. Die Jüdin von Toledo.

In dem für Besucher nicht zugänglichen königlichen Garten von Toledo legt es trotz Warnungen ihres Vaters Isaak die junge Jüdin Rahel darauf an, dem ebenfalls noch jungen König Alfonso von Kastilien zu begegnen. Sie fällt ihm zu Füßen und bittet der Übertretung des Zutrittsverbotes wegen um Gnade, um nicht von der Gartenwache abgeführt zu worden. Der König stellt sie unter seinen Schutz und weist ihr und ihrer Schwester Esther ein Gartenhaus als Aufenthalt zu. Bald fängt der König, der seine kühle Gemahlin Eleonore nicht mag, Feuer ob Rahels reizvoller Figur und ihren launenhaften Temperamentes. Die Beziehungen zwischen Rahel und dem König werden immer enger. Vater Isaak profitiert davon in der Funktion eines Finanzberaters des Monarchen. Des Königs Aufenthalte in Rahels Gartenhaus dehnen sich bald so aus, daß die Königin und Paladin Manrique Regierungsgeschäfte übernehmen müssen. Außerdem wartet die kastilische Streitmacht auf ihren Befehlshaber, um die von Süden her anrückenden feindlichen Mauren abzuwehren. Deshalb beschließen die Königin und ihr Thronrat, die Ursache des Übels – der permanenten Abwesenheit des Königs – zu beseitigen: Rahel zu töten. Als der König im Schloß eintrifft, erbittet er der Königin Verzeihung, mißbilligt aber jedwede Maßnahme gegen Rahel.

Zu spät langt der König in jenem Gartenhaus an, um Rahel noch schützen zu können. Die Königin, Manrique und Andere bekennen ihm gegenüber ihre Schuld an Rahels Ermordung. Alfonso läßt sie unbehelligt und will mit seinem Heer gegen die Mauren zu Felde ziehen.

Der geschichtliche König Alfonso VIII. von Kastilien (1155-1214), verheiratet mit Eleonore, der Tochter des britischen Königs Heinrich II., kämpfte ein halbes Leben lang mit wechselndem Erfolg gegen die vom südlichen Andalusien her anstürmenden Mauren und besiegte dieselben mit Hilfe befreundeter Heere entscheidend erst in der Schlacht von Jaën 1212. Dieser historische Hintergrund ist in Grillparzers Drama insofern allgegenwärtig, als der – hier in seiner noch unbekümmerten Jugend gezeigte – König Alfonso in allen Bühnenakten an die maurische Gefahr und an die unverzügliche Übernahme des Oberbefehls über sein kastilisches Heer gemahnt wird.

Im Mittelpunkt der Handlung steht natürlich das Liebesverhältnis zwischen diesem – seiner erotisch wenig ansprechbaren Ehefrau schon halb überdrüssigen – Monarchen und der jungen, attraktiven, etwas capriziösen und extravaganten Rahel. Raffiniert führt sie die Begegnung mit ihm herbei; bewußt sich auf verbotenes Gartenterrain begebend, um aufzufallen und fußfällig Alfonsos Verzeihung und den Schutz vor der Gartenwache erflehend:

„Ich will mal den König sehen.
Soll ein Herr sein, weiß und rot,
Jung und schön. Ich will ihn sehn... .

und er mich, ja, ja, er mich.
Wenn er kommt und wenn er fragt:
Wer ist dort die schöne Jüdin?
Sag, wie heißt du? Rahel, Herr!
Und er kneipt mich in die Backen,
Heiße dann die schöne Rahel."

Ihre Rechnung geht auf. Alfonso schützt sie nicht nur, er stellt sogar einen Pavillon, im königlichen Garten ihr und ihrer Schwester Esther zur Verfügung. Daß er der glutvollen Rahel leicht verfallen kann, ergibt sich aus seinen verstreuten Äußerungen bereits im I. Akt:

„Ich selbst hab nie nach Weibern viel gefragt."

„Daß Weiber es auch gibt, erfuhr ich erst,
Als man mein Weib mir in der Kirche traute."

Vor seiner Eheschließung hatte Alfonso offenbar keine Gelegenheit, „sich die Hörner abzustoßen". Verständlich, daß er das jetzt nachholen will. Daß es etwas Befriedigenderes, Angenehmeres geben muß, als zu der frigiden Eleonore ins Bett zu steigen. Gegenüber Ganceran, dem Sohn seines Paladins Manrique, malt er es sich in seiner Phantasie so richtig aus, wie solch ein „unerlaubtes" Liebesabenteuer ablaufen sollte.

Rahel ihrerseits bekennt :

„Ich habe nie geliebt. Doch könnt' ich lieben,
Wenn ich in einer Brust den Wahnsinn träfe,
Der mich erfüllte, wär mein Herz berührt."

Inzwischen hat sie auch leidlich Feuer gefangen. Alfonsos ungerahmtes Bild in der Hand, schwärmt sie ihrer Schwester vor:

„Das Bild gefällt mir. Sieh, es ist schön.
Ich häng es in der Stube nächst dem Bette.
Des Morgens und des Abends blick ich's an.
Und denke mir – was man nun eben denkt,
Wenn man der Kleider Last von sich geschüttelt."

Alfonso fragt seinen Freund Garceran: „Ist sie nicht schön?" Garceran: „Sie ist's, mein Herr und König." Alfonso: „Und wie das wogt und wallt und glüht und prangt!" Selbst erschreckend vor dem ihm bisher unbekannten und dennoch unwiderstehlichen erotischen Sog möchte der König sich selbst eine Hemmschwelle legen. Er will zu seinen Truppen, um Rahel aus den Augen zu verlieren. Ihr Bild hält er gerade in der Hand:

„Ihr eignes ist's. Es brennt in meiner Hand."

Dann schleudert er das Bild zu Boden, um dessen Faszination nicht zu erliegen:

„Fort mit der! Fort! Geht so weit denn die Frechheit?"

Doch langsam hebt er es wieder auf, schaut es lange an und versteckt es sodann in der eigenen Brust. So gibt sich denn die Konstellation am Ende das II. Aktes ziemlich eindeutig, und zu Beginn des III. Aktes weiß Rahels Vater Isaak um die eigene gehobene Position am Hof und kann es sich ohne weiteres herausnehmen, Bittsteller, die zum König wollen, abzuwimmeln:

„Mir ist des Ortes Heimlichkeit vertraut."

„Der König unterhält sich gern mit mir."

„Er spricht mit mir von Staat und Geldeswert."

„Ich bin des Königs Rat."

Der neue kgl. Finanzberater weiß natürlich ganz genau, wem er seinen Aufstieg zu verdanken hat:

„Hier geht demnächst lustwandeln meine Tochter.
Und *er* mit *ihr*, er selbst ...
Mein Rahelchen steigt täglich in der Gunst."

Und Garceran liefert einen Kurzausschnitt aus des Monarchen Biographie:

„Allein als Kind von Männern nur umgeben,
Von Männern großgezogen und gepflegt,
Genährt vorzeitig mit der Weisheit Früchten,
Selbst seine Ehe treibend als Geschäft,
Kommt ihm zum ersten Mal das Weib entgegen,
Das Weib als solches, nichts als ihr Geschlecht."

Als wäre es nun schon das Selbstverständlichste von der Welt, entsteigen in aller Öffentlichkeit Alfonso, Rahel und Gefolge einem anlegenden Tajo-Schiff. Sie gibt sich recht launenhaft. Er: „Es steht ihr wohl."

Erst jetzt wird langsam die fatale Folge dessen offenbar, daß sie ihren Alfonso immerfort viel zu lange in ihrem Bannkreis hält. Die eigene Schwester Esther gibt dem König zu bedenken, daß in seiner Abwesenheit vom Hof neuerdings die Königin und Paladin Manrique Bittsteller aus dem Lande empfangen und außerdem:

„Bescheidend all des Reiches Standesherrn,
Um zu beraten das gemeine Beste.
Als wäre herrenlos das Königreich,
Und Ihr gestorben, da Ihr Herr König."

Als sich der König daraufhin von Rahel verabschiedet, wehrt sie sich dagegen noch nachträglich wie ein trotziges Kind: „Er liebt mich nicht, ich hab' es längst gewußt." Esther : "Ich warnte dich, du hast mich nicht gehört." Rahel (an Esthers Brust): „Unglücklich bin ich, Schwester, rettungslos. Und hab ihn, Schwester, wahrhaft doch geliebt."

Damit findet die Titelpartie der Heldin bereits mit dem III. Akt ihr Ende. Ein unbegreiflicher Konzeptionsfehler des Dichters? Angesichts seiner Unkenntnis der topographischen Verhältnisse sollte ihm übrigens auch nachgesehen werden, daß im Hintergrund des königlichen Lustschloßgartens ein dahinströmender Tajo garnicht erkennbar sein kann, weil dieser Fluß in sehr tief zerfurchender Schlucht die Stadt Toledo umfließt.

An diesem Absatz, zu dem der viel zu zeitige endgültige Abgang der Rahel erfolgt, muß darüber nachgedacht werden, ob die Tragödie auf die richtige Reihe gebracht, ob bereits ihr Knoten wirksam und vor allem überzeugend geschürzt ist.

Rahel wird vom Dichter vorgeführt als capriciös verspieltes, eigenwilliges Lustweibchen, halb Kind/halb Weib, das sich eher von Geltungsbedürfnis und Flucht vor Langeweile in Alfonsos Arme treiben läßt, als bewußt in die Existenz einer „triebhaften Buhlerin" hineinzuwachsen. Rahel ist noch jung, lebenslustig, läßt sich vom ersten erotischen Kontakt überwältigen und sich dazu hinreißen, Schranken hofgesellschaftlicher Konvention zu durchbrechen. Doch das Format zu einer großen und klugen Starfavoritin, etwa in Versailles zur Zeit des Sonnenkönigs, das besitzt sie nicht im Entferntesten. Weder steigert sie sich zu einer echten Gefahr für die legitime Königin Eleonore noch mischt sie sich in Staatsgeschäfte ein. Sie lebt nur ihrer kreatürlichen Leidenschaft, und man tut sich schwer, ihre letzten Worte zu Esther für bare Münze zu nehmen: „Und hab ihn, Schwester, wahrhaft doch geliebt.". Zumindest zeigt Grillparzer keine glaubwürdige Entwicklung von amüsanter Sinnlichkeit zu seelischer Vertiefung auf.

Der König: ebenfalls unbekümmert, inmitten des Hoflebens ebenfalls von Langeweile geplagt. Auch er über weite Strecken hin dem Reiz des Augenblickes hingegeben und von Gefühlstiefe ausgespart. Das Einzige, was diesem etwas leichtfertigen Monarchen vorzuwerfen ist: keine Zeit mehr für Staatsgeschäfte, für politisches Reglement aufzubringen. So schildert ihn – nicht sehr glaubwürdig – jedenfalls Grillparzer. Denn die größten Weiberhelden auf dem Thron, Ludwig XIV., August der ;Starke oder einer der osmanischen Sultane haben Pflicht und Kür immer zeitbezogen miteinander zu vereinbaren gewußt.

Doch der Dichter mußte nun_doch irgendwie zu einem tragischen Endresultat gelangen. Und so wird Alfonso gezwungen, seine Schuld zu bekennen, seine dynastischen Herrscherpflichten vernachlässigt zu haben, in einem Morast von Liebesrausch und sexueller Unersättlichkeit versunken zu sein. Ein willensmäßig fast Ohnmächtiger, dem glutvollen, jungen, aufblühenden Weibe Rahel bis in die bodenlose Hörigkeit hinein verfallen. Prinzip der Staatsraison contra Prinzip privater Lustgefühlsbetätigung.

Vierter und fünfter Akt liefern nur noch eine einzigartige Serie an Fastpeinlichkeiten:

a) Manrique zu den im Thronsaal des Schlosses versammelten kastilischen Standesherrn:

„So sind wir denn in Trauer, hier versammelt."

„Die dringende, die allgemeine Not!"

„Es hat der König sich vom Hof entfernt,
Verlockt von eines Weibes üpp'gem Sinne,
Was uns zu richten keineswegs geziemt."

b) Manrique gibt der Königin Eleonore, die inzwischen eingetroffen ist und auf dem Thron Platz genommen hat, zu bedenken, daß der König kommen wolle, sehr schnell aber wieder in sein Liebesnest zurückeilen werde:

„So kehrt er wieder in die alte Bande.
Und wir sind eben nach wie vor verwaist.
Da muß vor allem denn die Dirne fort.
Welch Blumenschicksal, welche Schmeichelstrafe

Glaubt Ihr dem Fehl der Buhlerin gemäß?"

Königin (eiskalt):

„Den Tod!
Ist denn die Ehe nicht das Heiligste,
Das sie zu Recht erhebt, was sonst verboten? ...
Doch ist dies Weib der Schandfleck dieser Erde.
So reinigt euren König und sein Land!"

c) Manrique will vermitteln:

„Wir wollen. insgesamt den König angehn,
Ihn bitten, zu entfernen jenen Anstoß,
Der ihn von uns und uns von ihm entfernt.
Und weigert er's dann walte blut'ges Recht."

Zu dieser Intervention kommt es jedoch nicht, weil nach dem Eintreffen des Königs im Schloß die Königin, Manrique und die Anderen in Tötungsabsicht schnell das Schloss verlassen. Und dabei auch noch alle Pferde mitnehmen, was dem zurückgelassenen König verunmöglicht, seine Rahel noch rechtzeitig zu verteidigen.

d) Zuvor sucht König Alfonso jedoch die Königin auf, um ihr Verzeihen zu erbitten:

König: „Ich weiß wie groß mein Fehl
Und ich verehre deine Güte.

Königin: „Verzeihn ist leicht, Begreifen ist viel schwerer.
Wie es nur möglich war, ich faß es nicht."

Kann diese gefühlskalte Frau auch nicht!

König: „Ich spreche mich von meinen Sünden los.

Königin: „Nicht so! Nicht so! Oh wüßtest du, mein Gatte,
Was für Gedanken schwarz und unheilvoll,
Den Weg gefunden in mein banges Herz!"

Sie entdeckt Rahels Bild, das er an seiner Kette um den Hals trägt. Gehorsam nimmt er es ab und legt es auf den Tisch. Er geht sogar noch einen Schritt weiter: „Das Mädchen aber selbst, es sei entfernt." Allerdings nicht so, daß Ihr „Euch blutig rächen wolltet an der armen Törin."

Der Königin geht es garnicht um den erhobenen Vorwurf, ihr Mann habe die Staatsgeschäfte und den Maurenkrieg vernachlässigt. Rein als Frau will sie die Rivalin ausschalten. Das allerdings radikal!

e) Der überrumpelte König trifft zu spät in dem Hause ein, in welchem Rahel bereits ermordet wurde.

f) Als er eintrifft, fällt die Königin vor ihm auf die Knie; die Männer legen ihre Schwerter vor ihn hin.

Manrique:

„Wir haben an dem König uns versündigt,
Das Gute wollend, aber nicht das Recht.
Wir wollen uns dem Rechte nicht entziehn."

Königin: „Mich laßt voran, ich bin die Schuldigste."

Manrique:

„Wir wissen wohl, wie sehr wir, Herr, gefehlt.
Vor allem: nicht die Rückkehr zu dir selbst,
Dir selbst und Deinem edlen Sinn vertrauend.
Allein die Zeit war dringender als wir.
Es bebt das Land. Der Feind an unsern Grenzen.
Er fordert auf zu Wehr und Widerstand."

Das ist scheinheilige Argumentation! Die Maurengefahr bestand seit eh und je. Auch von Beginn dieser Dramenhandlung an ist sie stets gegenwärtig gewesen.

g) Und wie reagiert der König darauf? Er hebt seinen kleinen Sohn auf den Thron. Und er, Alfonso, wolle nur noch als dessen Feldhauptmann die kastilischen Truppen gegen die Mauren führen. Rahel? Vorbei! Vergessen! Keines Gedenkens wert!

König: Statt üpp'ger Bilder der Vergangenheit
Trat Weib und Kind und Volk mir vor die Augen."

Auf einmal!

Verwirrend solches Dramenfinale. Und läßt die Theaterbesucher entsprechend zurück. Empörung kommt auf. Breitet sich aus. Esthers Schlußerkenntnis ist zuzustimmen:

„Sie sind die Großen, haben zum Versöhnungsfest
Ein Opfer sich geschlachtet aus den Kleinen
Und reichen sich die noch blut'ge Hand."'
Das klingt bald so wie in unserer Moderne: ... die Großen läßt man laufen." Oder auch: „Den Täter streicheln, das Opfer liegen lassen." In der Tat: das Recht, das Rechtsverständnis, das Rechtsempfinden wird hier so geschändet, daß der Mißerfolg des Theaterstückes zwangsläufig vorprogrammiert ist. Strafrechtlich ist das ja eine klare Sache: die „Standesherren" beziehungsweise deren manuelle Helfershelfer, welche Rahel so geschwind umgebracht haben, sind Mörder. Königin Eleonore hat sie dazu angestiftet. Für sie gleiches Strafmaß! Bleibt da sühnende Strafverfolgung aus, bleibt auch ein Zugang zu Grillparzers Bühnenschöpfung aus.

König Alfonso ist vielleicht nicht ein total labiler, doch auf jeden Fall ein fieser Typ. Hat das Spielzeug für verborgen lustvolle Stunden eines Tages ausgedient, wird es dann so eben einfach weggeworfen. Das erklärt es auch, weshalb herzergreifende Liebesszenen wie in „Romeo und Julia" oder in den eigenen „Der Meeres und der Liebe Wellen" hier fehlen, ja, fehlen müssen. Lastende Verlegenheit bleibt zurück: naja, eine Liaison so nebenbei, wie so oft; C'est la vie. Na und?

Doch die Empörung imaginärer Theaterbesucher wächst sich dann eben doch so aus, daß sie das Mitleid mit der fast unschuldigen, wenn auch etwas leichtfertigen Rahel überdeckt. Der König, der überhaupt nicht in die Zwänge zwischen Pflicht und Neigung gerät, macht auch keinen glaubwürdigen Läuterungsprozeß durch. Wenn er nach dem Maurenkrieg einigermaßen wohlbehalten heimkehrt, und wenn ihm dann eine zweite Rahel über den Weg läuft, vernascht er sie genauso wie die erste.

Ob Grillparzers Wiener Liaisonpartnerinnen Marie Daffinger und Marie von Smolenitz Urbilder der Rahel im Nachhinein gewesen sind, muß dahingestellt bleiben. Die Widerspiegelung des eigenen Charakters in dem des Alfonso läßt sich wohl nicht ganz von der Hand weisen. Die damals europaweit kommentierte Liebesaffäre zwischen dem Bayernkönig Ludwig I. und Lola Montez, Startänzerin kreolischer Herkunft, wird Grillparzer bestimmt gegenwärtig gewesen sein.

Schon frühzeitig muß Grillparzer auf Jaques Cazottes „Oeuvres badines et morales" von 1763 gestoßen sein. Zur Zeit der Niederschrift seiner „Ahnfrau" (1816) notiert er: „Alphons VIII., König in Kastillen, verliebt sich in eine Jüdin. Seine Großen, die ein ihm zugestoßenes Kriegsunglück dieser verdammlichen Liebe zuschreiben, lassen das Mädchen ermorden. Alphons wird darüber wahnsinnig. I.J.1194."

Während oder kurz nach der Arbeit am „Ottokar" liest er anläßlich intensiver Beschäftigung mit Lope de Vegas Bühnenstücken dessen „Las paces de los reyes y la Judia de Toledo" und entwirft (1824) einen eigenen detaillierten Plan für sein späteres Drama gleicher Stoffwahl. Der Eröffnungsakt entsteht bereits in einer Urfassung. Doch erst nach der scharfen Zäsur von 1838, zumeist 1847/48 und 1850/51 erfolgt die komplette Durchgestaltung des gesamten Werkes.

Auch diesmal fand die Uraufführung erst nach Grillparzers Tod am 21. November 1872 in Prag statt. Das Stück – wie vorauszusehen – hielt sich nicht auf den Bühnen. Theaterbesucher tolerieren manchmal allerhand. Doch in diesem Falle würden sie auf die Umstände von Rahels Ermordung und auf die daraus gezogenen unbegreiflichen Konsequenzen oder – besser gesagt – Nichtkonsequenzen derart ablehnend reagieren, daß Bühnendirektionen entschieden besser daran tun, diesen bedauerlichen Mißgriff Grillparzers zu ignorieren.

4. Esther

Fragment

Dem Gespräch von Höflingen am persischen Königshof in der Burg zu Susa ist zu entnehmen, daß König Ahasveros seine bisherige Hauptfrau Vasthi verstoßen hat. Der dennoch Viele am Hof die Treue halten. Da sich seither der König seiner Umwelt entzieht, beschließen die Granden seines Reiches, für ihn eine neue Königin zu suchen. Auch die junge Jüdin Hadassa – auf persisch: Esther – wird an den Hof eingeladen. Ihr Oheim und Vormund Mardochai hofft, auf diese Weise Einfluß zu gewinnen und das Schicksal des unterworfenen jüdischen Volkes fühlbar zu erleichtern, dieses vielleicht sogar in die angestammte Heimat zurückführen zu können. Ahasveros weist alle die ihm vorgestellten Bewerberinnen zurück. Findet aber Gefallen an Esther ob ihrer auffallend geistvollen Antworten und ihrer auch sonst schlagfertigen Redeweise. Schließlich erhebt er Esther zur neuen Königin. Sie erhält eine schriftliche Mitteilung Mardochais, derzufolge die verstoßene Königin Vasthi gemeinsam mit des Königs

Mundschenk einen Anschlag auf Ahasveros verüben will. An diesen leitet Esther das Schriftstück weiter.

Hier bricht das von Grillparzer zumeist 1829/30 und 1839/40 Niedergeschriebene mit dem Beginn des III. Aktes als Fragment ab.

Nochmals erhebt der Dichter eine junge Jüdin zur Titelheldin eines Dramas. Doch im Gegensatz zum bloß privaten Frauenschicksal der toledanischen Rahel, soll Esther eine Staatsaktion ins Rollen bringen.

Mit dem Selbstgespräch des Ahasveros bietet der I. Akt einen der sattsam bekannten, langweilenden, inhaltlich nahezu überflüssigen Blankversmonologe Grillparzers. Nach der Verwandlung: vor einer Hütte nahe den Mauern von Susa überredet Mardochai seine Nichte Hadassa /Esther, an der Brautschau teilzunehmen, um das Los des von Gott auserkorenen Volkes zu verbessern:

„Uns hat der Herr allein sich offenbart.
Von heut' bis zu der Menschheit erster Wiege
Geht unzerrissen, stetig fort ein Band,
Das uns die Seinen nennt, des Höchsten Kinder.
Als solche hat der Herr uns auch bestraft,
Uns fortgeführt aus unsrer süßen Heimat."

Mardochai zielt auf den Ausbruch des jüdischen Volkes aus persischem Gewahrsam. Das erfordere freilich eine heroische Willensanspannung. Deshalb zu seiner Nichte:

„Daß nur ein Funke jenes Geists in dir,
Der Deborah beseelte, Jahel stärkte
Und Judith schuf zur Heldin des Volkes."

So weit will Mardochai freilich nicht gehen, daß Esther im Falle einer Erhebung zur neuen Königin im nächtlichen Bett nach dem Geschlechtsverkehr ihrem König Ahasveros das Haupt abschlage wie weiland Judith dem Holofernes.

Esther:

„So soll ich töten, täuschen, soll verraten,
Um wert zu sein des Stammes, der mich trug?"

Oheim Mardochai beschwichtigt:

„Wär es sein Ratschluß, eine unseres Volkes
Zu setzen hoch auf Asiens stolzen Thron,

Daß sie ein Schutz sei ihrer flücht'gen Brüder,
Vielleicht sie heimführt in ihr Vaterland."

Zu Beginn des II. Aktes ist der neueste Stand der Dinge aus einem weiteren Gespräch der Höflinge zu erfahren:

„Der König zürnt ob des Versuches,
Ihn zu beweiben, also nennt er's.
Hohnlachend sah er durch die bunte Reihe. Geht sie mit Fragen an,
hört kaum die Antwort,
Ergrimmt, lacht auf und heißt sie sämtlich gehn."

Der sich alsbald anschließende Dialog zwischen Ahasveros und der ihm nachträglich vorgestellten Esther beweist wieder einmal Grillparzers hohe Kunst in der Symbiose von zielgerichteter Gesprächsführung, meisterhafter Charakterisierung der beteiligten Personen und psychologischer Auslotung des Annäherungsvorganges.

Esther gibt sich Ahasveros gegenüber leicht abweisend, doch wieder auch nicht zu stark dosiert, um ihn sich nicht zu verprellen. Sie riskiert sogar die Empfehlung, die in die Wüste geschickte Ex-Königin Vasthi zurückzuholen. Sie bittet ihn darum, wieder gehen zu dürfen. Sie entfernt sich, findet aber angeblich nicht den Ausgang aus der Burg. Sowohl ihre Erscheinung als auch ihr Verhalten beeindrucken den König.

Ahasveros:

„Allein du gehst nicht – bleibst – glaub mir, Hadassa,
Du sehnst dich jetzt von hier. Doch, kaum entfernt,
Wirst du zurück dich sehnen, ja, ich weiß.
Die Neigung, sie entspringt aus gleichem Trachten,
Ergreift nicht eins und läßt das andre frei.
Die Nähe ist ein Nahesein von Beiden,
Und was du zufügst, kommt dir auch zu leiden."

Und so erwählt er sie sich. Doch zunächst weist sie den symbolischen Goldenen Kranz zurück, den er ihr aufsetzen will. Kurz danach setzt sie ihn sich selbst aufs Haupt.

Die beiden Restszenen erbringen die Bestätigung von Esthers Inthronisierung und die Warnung, daß seitens der Ex-Königin ein Komplott in Vorbereitung ist.

Eigenem Bekunden zufolge hatte Grillparzer die Konfliktschürzung darauf, abgestellt, daß Esther bei ihrer Erhebung dem König ihre jüdische Herkunft verschweigt. Daß dies den „Knotenpunkt des ganzen Dramas bilden sollte, in welchem ich Ideen von Staatsreligion und Bildung aussprechen wollte." Inwieweit solche latente seelische Last zu einer Wesensänderung der Titelheldin geführt, dadurch eine Brüchigkeit ihres Verhältnisses zu Ahasveros ausgelöst, solcher Lug und Trug sich schließlich auch außerhalb der Ehe zerstörend offenbart hätte, bleibt schwer abzuschätzen. Ein gewaltiges Spannungsfeld wäre dadurch wohl nicht entstanden. Doch wollte nach ihrem Übertritt aus einer mit Gottesglauben geprägten Sphäre in ein gottlos-heidnisches Ambiente Grillparzer die Titelheldin als „Canaille" zugrunde gehen lassen. Inwieweit sich der Eros zwischen einer glaubensabtrünnigen Esther und dem mißtrauischen, chronisch menschenabholden König entwickelt hätte, bleibt erst recht eine offene Frage.

Als stoffliche Quellen boten sich dem Autor an: das biblische Estherbuch, das vom historischen Geschehen im 5. Jahrhundert vor der Zeitenwende in novellistischer Freiheit weit wegführt. Zweitens Lope de Vegas aus religiöser Schau her verfaßtes Bühnenstück „La hermosa Esther." Und drittens Racines (1689) für Schülerinnen des Pariser Internats Saint Cyr gedichtete „Esther"; allerdings mußte auf Befehl der Internatspatronin Madame de Maintenon, der berühmten Maitresse Ludwigs XIV. von Frankreich, selbst ein Racine alles die Liebe und Leidenschaft Betreffende eliminieren und statt dessen die Handlung mit Tugendpredigten unterschiedlicher Themenkreise anreichern. Da durfte es natürlich einem Grillparzer leicht fallen, im Verhältnis zu solchen Vorgängerinnen eine im dramatischen Gefüge glaubwürdige Esther auf die Bühne zu stellen. Auf den Stoffkreis traf er erstmals 1821. In den Jahren 1829 und 1830 notierte er sich Stichworte dazu. Der größte Teil der Ausarbeitung erfolgte 1839/40, deren endgültiger Abbruch 1848 mit einem Fragmentbestand von 979 Versen. Erklärung dazu: „Ich könnte es jetzt nicht weiterführen, wenn ich auch wollte." Fast eine Parallele zu Ludwig. Tiecks unvollendet gebliebenem Roman „Ein Aufruhr in den Cevennen."

Der Hauptgrund für den Abbruch dürfte wohl mit einiger Wahrscheinlichkeit in dem durchschlagenden Erfolg von Friedrich Hebbels „Judith" liegen, die nach ihrer Uraufführung 1840 auf vielen anderen Bühnen nachgespielt wurde. Schon vom Intimitätsschicksal her übertraf die Jüdin Judith die Jüdin Esther an dramatischer Durchschlagskraft bei weitem. Angesichts der strotzenden Kraftfülle, der Spannungsverdichtung in den meisten Judithszenen und der psychologisch tiefschürfenden „Herausmeißelung" der Personen, was in der Theaterlandschaft naturgemäß Furore machen mußte, kam sich Grillparzer neben Hebbel zwar nicht gleich als vernichtet vor, doch seine Bedenken, die „Esther" fortzuschreiben, wuchsen sich schließlich so aus, daß deren fragmentarisches Los vorgezeichnet war.

Die Uraufführung im Wiener Burgtheater am 29. März 1868 – seltsamerweise noch zu Lebzeiten des Dichters – erzielte nur einen schwachen Achtungserfolg.

IV. ZUSAMMENFASSUNG

Ist Franz Grillparzer zum großen Dramatiker aufgestiegen? Vor der Beantwortung dieser Frage wird eine Bewertung seiner Lebensumstände unerläßlich sein, da gerade im Falle dieses Dichters Persönliches und Geschaffenes sich intensiv wechselseitig durchdringen. Und auch erst die Erfassung solcher Schichtungen und Verkettungen den Blick freimachen für so manch Absonderliches, auffallend Seltsames im dramatischen Gesamtwerk.

Grillparzers beruflicher Werdegang liefert hierfür noch am wenigsten signifikante Anhaltspunkte.

Nach dem Studium der Rechtswissenschaften an der Universität Wien 1807-1811 und einer vorübergehenden Privatlehrertätigkeit im Hause des Grafen Seilern begann Grillparzer seine lebenslange Beamtenaufbahn als zunächst unbesoldeter Konzipist in der Hofbibliothek 1813. Ein Jahr später hatte er sich zur Probe als „Manipulationspraktikan" erst bei der niederösterreichischen Zollverwaltung, dann in der Hofkammer zu bewähren. Seit 1815 mußte er mit 400 Gulden Jahresgehalt bereits eine vaterlos gewordene Familie miternähren. Nach vielen Jahren geordneter, aber letzthin unbefriedigender Konzipistentätigkeit, zumeist in Graf Stadions Finanzministerium, erreichte er 1832 seine Ernennung zum Direktor des Hofkammerarchivs bei einem 1835 angehobenen Jahresgehalt von 2100 Gulden. Wie bisher schon hat Grillparzer auch dieses Amt mit gewissenhafter Pflichttreue bis zu seiner Pensionierung ausgefüllt. Daß es aber mit den damit verbundenen Erfahrungen oder gewonnenen Durchsichten sein dramatisches Schaffen wesentlich beeinflußt oder gar bereichert haben soll, läßt sich kaum nachweisen. Es sei denn die zunehmende Anhänglichkeit an die kaiserliche Habsburgdynastie.

Und das, obwohl der zum Alter hin bis auf die Knochen Stockkonservative in seiner Jugend vom Vater im Geiste des aufklärerischen Josefinismus erzogen worden war.

Mit zunächst nur unterschwelligem Mißtrauen nahm Grillparzer als etwa Vierzigjähriger die Vorboten einer industriellen Revolution wahr. Die dann immer mehr um sich griff und im weiteren Verlauf auch eine nicht nur soziale Umschichtung innerhalb der Wiener Gesellschaft nach sich zog. Die bewährten Handwerkerinnungen bestimmten nicht mehr eindeutig die Daseinsweise des Bürgertums. Nach der Schleifung der Stadtmauer prägten moderne Bauten das

Gesicht der Metropole. Solche Veränderungen empfand Grillparzer weit negativer als den gelegentlichen Ärger über die Pressezensur in der Metternich-Ära oder zeitweise die staatspolizeiliche Überwachung als Folge seiner Teilnahme an Zusammenkünften der im Grunde genommen ganz harmlosen „Ludlamshöhle". Die ihn erschreckenden Ereignisse im Revolutionsjahr 1848 trieben ihn noch weiter weg von den vermeintlichen Fortschrittsleuten.

Danach peinigen ihn noch mehr als zuvor „die engen österreichischen Verhältnisse". „1848" hatte nicht nur die Habsburger Monarchie, sondern mit ihr auch einen heiklen Vielvölkerstaat erbeben lassen. „Die Möglichkeit des Zusammenlebens gemischter Völker in gemeinsamer Heimat" (Hoffmannsthal) schloß keineswegs das Hochgehen einer ethnologischen Bombe aus. Mehr als Ungarn, Südpolen und Italiener erfüllten die unruhigen Tschechen auch einen Grillparzer mit skeptischen Mißtrauen: „In zwanzig Stunden fährt man nach Prag" (in einem Eisenbahn-Sonett von 1847). Vor dem Ausbruch chaotischer Anarchie vermochte auch ihn seiner inzwischen gewonnenen Überzeugung nach nur das traditionsüberreiche Regiment der K.-u.-K.-Monarchie zu bewahren. Von daher erklärt sich sein mittelbar loyal dichterisches Bekenntnis zu den Habsburgern in nicht weniger als vier dramatischen Ausformungen.

Paradoxerweise brachte ihn aber auch das Zusammenwachsen der anderen deutschen Reichsländer zu einem mehr und mehr Kontur gewinnenden Nationalstaat in Bedrängnis. Noch 1844 dichtete er leicht elegisch:

„Endlos ist das tolle Treiben,
Vorwärts, vorwärts schallt's durchs Land.
Ich möcht lieber stehen bleiben
Da, wo Goethe, Schiller stand."

Jene damalige föderalistische Kleinstaaterei in Deutschland vermochte natürlich den Habsburger Vielvölkerstaat längst nicht so in Frage zu stellen wie ein schließlich 1871 zur Vollendung gelangendes Deutsches Reich, das Österreichs innere Brüchigkeit nur zu deutlich transparent machte. Auf die Rückseite seiner der preußischen Kronprinzessin zugedachten Photographie schrieb der Dichter:

„Als Deutscher ward ich geboren,
Bin ich noch Einer?
Nur was ich Deutsches geschrieben,
Das nimmt mir Keiner."

Nach Königgrätz (1866) wird er noch deutlicher: „Ich muß sagen, ich bin kein Deutscher, sondern ein Österreicher, vor allem ein Wiener."
In seinen besten Dramen zeichnen Grillparzers Blankverse oft ein leicht schwebender, melodischer Grundton und eine harmonisch aparte Klangfärbung aus. Wie verträgt sich das – ausgerechnet in Wien – mit total ausgebliebenen musikalischen Ausstrahlungen jener Stadt auf den Dichter? Der eigentlich nur Mozart als kompositorisches Genie gelten ließ?

Er, der mit seinem „Melusina"-Libretto Beethoven nicht in Schwingungen zu versetzen vermochte, wendet sich ungeachtet der späteren Grabrede mit Entsetzen vom „Gebrüll" und „Tongeheule" in dessen Musiksprache ab. Schubert, mit dem er öfters auf dessen „Schubertiaden" zusammenkam, löst in ihm kein poetisches Echo aus. Webers Musik findet er „scheußlich und polizeiwidrig." Zu der 1823 in Wien uraufgeführten „Euryanthe": „Diese Oper kann nur Narren gefallen , oder Blödsinnigen und Gelehrten, oder Straßenräubern und Meuchelmördern". Kein Wunder, wenn ihm dann ein Menschenalter später (1854) beim Anhören von Wagners Tannhäuser-Ouverture „die Ohren ziemlich wehtaten."

Im dramatischen Gesamtwerk Grillparzers fallen immer wieder Stellen und vereinzelte Partieen auf, die befremden, Kopfschütteln erzeugen, Leser, Hörer und Zuschauer unangenehm berühren, hin und wieder sogar Zweifel an einer intakten geistig-seelischen Verfassung des Autors aufkommen lassen. Erklärungshalber genügt dann wohl doch nicht ein forschender Blick in das berufliche, gesellschaftliche und politische Umfeld des Dichters. Was trieb ihn im Innersten an? Wie stand es um sein Höchstpersönlichstes? In der Kindheit, in der Jugend, im Mannesalter?

Sein Vater, Wiener Rechtsanwalt, ein geradliniger, verstandesklarer, zuverlässiger und in der Führung seiner Mandate gewissenhafter Mann, gleichwohl hin und wieder zu jähzornigen Ausbrüchen neigend, hat die Tugend einer verantwortungsbewußten Lebensführung auf den Sohn vererbt, die dann auch dessen späterer Beamtenlaufbahn zugute kam. Weltanschaulich Josefinist, blieb er zeitlebens ein amusischer Zeitgenosse. Den heißen Wunsch des Sohnes, das Violinspiel zu erlernen – man erinnere sich des „Armen Spielmannes" – erfüllte er ihm nicht, zwang ihn vielmehr zum ungeliebten Klavierunterricht. Später verlachte er Franzens erste dramatische Versuche und prophezeite ihm, „er würde noch auf dem Miste krepieren." Der Sohn später über seinen Vater: „Sein äußeres Benehmen hatte etwas Kaltes und Schroffes, er vermied jede Gesellschaft." Und gerade jene „hypochondrische Zurückgezogenheit das Vaters" sollte Franz allmählich in die eigene Einsamkeit hineinstoßen. Unglücklicherweise untergrub nun auch noch der Schatten Napoleons, „die Kriegsläufte des Jahres 1809, die verlorenen Schlachten, die Beschießung der Stadt, der Einzug der Franzosen in Wien, die Stockung der Geschäfte, die Einquartierung, die Kriegssteuern, die Kontributionen" die wirtschaftliche Existenz des Vaters. Der damit einhergehende Währungsverfall vernichtete den bisher fast luxuriösen Lebensstil und -standard der Familie. Gramgebeugt starb der Vater noch im gleichen ominösen Jahre 1809.

In ihren chronischen hypochondrischen Anwandlungen übertraf die Mutter – alles andere als eine Frau „Aja" Goethe – ihren Mann noch erheblich. Doch sie verfügte über bedeutende musische Interessen. War doch auch schon ihr eigener Vater, Dr. Christoph von Sonnleithner, nicht nur Jurist, sondern außerdem schriftstellerisch begabt, in musikalischen Angelegenheiten ständig engagiert, ehedem mit Haydn und Mozart persönlich befreundet gewesen. Kein Wunder, wenn die Mutter so ganz in der Musik aufging, später freilich auch in seltsame religiöse Inbrunst verfiel.

Da die Eheleute ganz einfach von ihren Anlagen her nicht zusammenpaßten, die oft genug kränkelnde Frau an der starren Härte ihres Mannes unsäglich litt, wurde allein schon durch die Gegensätzlichkeit der Elternteile der Grund zur späteren Zwiespältigkeit des Sohnes gelegt, So „wuchs ich in völliger Vereinzelung heran." Und das, obwohl Franz noch drei jüngere Brüder besaß. Bruder Karl wurde später kriminell, bezichtigte sich jedoch unberechtigterweise eines Mordes und endete als wirtschaftlich verkrachte Existenz. Bruder Camillo, später Beamter im einfachen Dienst, verfiel in religiösen Wahnsinn. Bruder Adolf schließlich, der jüngste der Vier, endete bereits im Alter von siebzehn Jahren durch Selbsttötung in der Donau. Ein Jahr danach – 1818 – schied die verzweifelte Mutter ebenfalls freiwillig aus dem Leben.

Trotz seiner Familie als Einzelkind aufgewachsen, begegnete der „im Innersten Verwirrte und Zerstörte" und „durch die Erschütterungen beim Tod meiner Mutter" zusätzlich Gebeutelte schließlich einer Reihe von Damen der Wiener Gesellschaft. Seine äußere Erscheinung zeichnet die Schriftstellerin Karoline Pichler so: „Grillparzer war nicht hübsch zu nennen; aber eine schlanke Gestalt; von mehr als Mittelgröße, schöne blaue Augen, die über die blassen Züge den Ausdruck von Geistestiefe und Güte verbreiteten, und eine Fülle von dunkelblonden Locken machten ihn zu einer Erscheinung, die man nicht so leicht vergaß." Gerade gegenüber Frauen verfügte er seit 1817 über eine „Waffe", die seinen Konkurrenten um die Gunst der Damen fehlen mußte: den phänomenal aufsteigenden Ruhm des schon beizeiten namhaftesten Dichter Österreichs. Ernst Alker hat ihn treffend konterfeit: „Erotisch leicht entflammt, brannte er lichterloh; aber das Strohfeuer erlosch bald. Und dann stand der Dichter dem einst geliebten Objekt mit einer unheimlichen Kälte, einer rücksichtslosen Gleichgültigkeit gegenüber, die eine Konsequenz seiner durch den Selbsthaß bewirkten Liebesunfähigkeit ist." Grillparzer bestätigt dies, wenn er schon 1821 an den Freund Altmüller schreibt: „Ich bin der Liebe nicht fähig." Um aber nun nicht in den Ruch eines Frauenverführers zu geraten, taktierte er so: „Nie näherte ich mich einem Weibe, das nicht vorher sich mir genähert. Damit kann ich mich trösten."

Von Interesse und dennoch von untergeordneter Bedeutung bleibt, welche Urbilder für seine großen dramatischen Frauengestalten anzusetzen sind: für Sappho, Melitta, Medea, Hero, Ottokars Königinnen, Erny, Libussa, Edrita, Rahel und Esther. Zum Teil sind die Namen von Grillparzers Wiener Favoritinnen ja bekannt: mit Tragik durchsetzt gleich eine seiner ersten Bekanntschaften: die Frau seines eigenen Cousins, Charlotte von Paumgarten. Nach deren frühem Tod in Beethovens Sterbejahr 1827 notiert Grillparzer: „Ich habe sie verlassen, mißhandelt. Ich war vielleicht Mitursache ihres Todes. Aber weiß Gott, ich hatte keine Vorstellung davon, daß diese Leidenschaft so tiefe Wurzeln geschlagen hatte." In die letzte Zeit jener Affäre fiel auch schon die neue mit Marie von Piquot, die nach kurzer Zeit ebenfalls dahingerafft wurde. Doch schon hatte ihn die Glut hemmungsloser Besitzgier zu Marie von Smolenitz erfaßt, die später den bekannten Maler Moritz Daffinger heiratete. Grillparzer dazu wenig angerührt: „Ich habe bei Weibern schon oft die Rolle des Betrügers gespielt, und ich hätte doch jederzeit mein Alles gegeben, wenn es mir möglich gewesen wäre, ihnen zu sein, was sie wünschten. Ich habe auf diese Art das Unglück von drei Frauenzimmern von starkem Charakter gemacht. Zwei davon sind nun bereits tot." Eine Therese Wohlgemut tritt in seinen Gesichtskreis. Später die um ihn werbende Heloise Hoechner, die er dann an den rumänischen Ingenieur Costinescu heiratshalber weiterreicht: „Aber eigentlich zu Zweien zu sein, verbot mir das Einsame meines Wesens."

Einen Sonderfall stellte Kathi Fröhlich dar, die später allgemein als Grillparzers „Ewige Braut" bezeichnet wurde. Als älterer Mann wohnte er mit ihr und ihren Schwestern in Wohngemeinschaft auf der Spiegelgasse 21; sie wurde seine Universalerbin. Kathi war kein sanftes, einfühlsames Wesen. Eigenwillig trat sie auf, resolut und besitzergreifend. Eine Zeit rang Grillparzer mit sich um Klärung seiner Beziehung zu ihr: „Selbst in der Geliebten liebe ich nur das Bild, das sich meine Phantasie von ihr gemacht hat. Kann man das Liebe nennen?" Doch er kam von ihr nicht los. Dann wiederum sie nicht von ihm. Doch sie war nicht sein, und er nicht ihr zweites Ich. Keiner sah im Anderen das ideale Du. Lassen voneinander wollten sie gleichwohl nicht. Sollte er diese quälerische, nie so richtig ausbalancierte Beziehung radikal beenden oder – nicht weniger radikal – legalisieren? Eingestehen mußte er sich schon: „Man ist dann doch ein vagabundierender Räuber und Spitzbube, wenn man das dreißigste Lebensjahr überschritten hat, ohne verheiratet zu sein." Doch dann wieder Kathis hochgradige Reizbarkeit, Streitlust, ihr latenter Sadismus. Oft genug zusätzliche Mißverständnisse und andere Mißhelligkeiten! Ungeachtet seiner Bühnenerfolge trat langsam die Erkenntnis hinzu, trotz Beamtenstatus einer Familie dann doch nicht den erwarteten Lebensstandard garantieren zu können: „Hätte ich mich verheiratet, wie ich gewollt, ich müßte geradezu mit Nahrungssorgen kämpfen." Was an ähnliche Einsichten von Johannes Brahms erinnert. So blieb denn zwischen Franz und Kathi auch weiterhin alles in der Schwebe. Ähnlich Schachspielern empfanden sie sich in einer Pattsituation; jeder von ihnen begnügte sich mit einem Remis.

Eines jedoch haben die diversen Frauenbekanntschaften gefördert: eine psychologisch meisterhafte Erfassung seiner weiblichen Heldinnen auf der Bühne, die ihresgleichen sucht. Und damit steht er in der personalen Charakterisierungskunst selbst im Weltmaßstab ganz obenan.

Demgegenüber muß intensiv nach den Gründen für eine Reihe von Schwächen und Unbegreiflichkeiten in seinem dramatischen Werk gesucht werden. Etwas fündig wird man da schon anhand seiner Tagebücher und seiner Eigenbiographie.

Die Jugend im elterlichen Haus – das muß ganz klar erkannt werden – züchtete seine spätere Zwiespältigkeit heran. Schon früh fühlte er sich wie zerrissen, auch wenn er das später nach außen hin zu kaschieren vermochte. Bereits 1818, im Jahre seines Sappho-Triumphes, sieht er sich als „von Natur schüchtern und unbeholfen, durch frühes Unglück zu Schwermut und Selbstpeinigung" neigend. Seit oh und je „zum Brüten in und mit sich selbst" verurteilt, verwünscht er seine permanente „Selbstbeschauung" bis ins hohe Alter hinein.

Auffallend Grillparzers Halbheiten und Halbherzigkeiten, die ihn dann vor seinen Mitmenschen, falls die etwas schärfer hinsehen, als scheu, gehemmt, schlapp, schwächlich, ohne Selbstvertrauen, im Unentschiedenen verharrend erscheinen lassen. Welche Bitternis spricht da beispielsweise aus einem Epigramm:

„War ich zum Dichter auch geboren,
So kam's doch nie zur rechten Klärung.
Am Anfang war's, nicht ausgegoren,
Dann ging's sogleich in faule Gärung."

Nun vermag freilich jenes im halbfertigen Zustand, in der Schwebe Lassende, das ins Dämmerlicht Getauchte, Konturenunscharfe, Verschwommene auch in der dramatischen Gestaltung durchaus seinen sinnvollen Platz zu finden, und Grillparzer hat sich da immerfort als Künder der ahnungsvollen Zwischentöne, Andeutungen, verhaltenen Abstufungen auch im Dialog erwiesen, als Mediator von gleichsam impressionistischen Lichtbrechungen. Doch auf der anderen Seite hat das jene Zielstrebigkeit beeinflußt, ohne die eine gelungene Strukturierung im dramatischen Gerüst nicht zu denken ist. Also gerade dort, wo Auswirkungen solch zaudernder Unentschlossenheit nicht am Platze sind. Depressionen förderten zusätzlich jenes Steckenbleiben auf halber Wegstrecke. „Einer meiner Hauptfehler ist", so der Dichter über sich, „daß ich nicht den Mut habe, meine Individualität durchzusetzen Zutreffend hat Joseph Roth in seinem Grillparzer-Essay von 1937 jenes Impulshemmende so formuliert: „Er trat das Glück, wo es sich ihm bot, nicht mit Füßen; er schob es mit den Händen weg, er lehnte ab, vermied und wich aus."

Dies nun führt zu jener charakterlichen Eigenschaft Grillpgrzers, die seinen Zeitgenossen um ihn herum als seine hervorstechendste auffiel: zum Widerspruch in sich selbst.

Denselben hat niemand qualvoller empfunden als er selbst. Enthusiastischer Aufbruch unmittelbar neben jenen niederdrückenden Depressionen. Phantasiefülle neben plötzlichem Leerstand. Er einmal über sich: „Ein Dichter von der übergreifendsten, ja, sich überstürzenden Phantasie und ein Verstandesmensch der. kältesten und zähesten Art." Selbstironisch:

„Für einen Mann von Erz / Nun einen von Papier.
Und jedem fehlt das Herz, Und Beide gleichen mir."

Das läßt sich auch anders reimen:

"Gescheit gedacht und dumm gehandelt,
So bin ich meine Tage durch's Leben gewandelt."

Und da Grillparzer den altgriechischen Philosophenspruch „Erkenne dich selbst!" nur zu gern befolgte, drang er zu der Diagnose durch, sein „ganzes Wesen" sei „aus Bedenken und Unbesonnenheit zusammengesetzt." Was sich dann auch nach außen hin kundtut: „Die Einen finden mich liebenswürdig, die Anderen unerträglich." Und unerklärlich – jedenfalls für durchschnittliche Zeitgenossen – jener „Zerfall des Menschen mit sich selbst", – so Reinhold Schneider über Grillparzer – „die Spaltung in zwei Wesen, die einander befehden."

Anläßlich eines Besuches bei Beethoven trägt der Dichter in das Konversationshaft des Ertaubten ein: „Ich habe das Unglück, hypochondrisch zu sein. Das erklärt viel. Hätte ich den tausendsten Teil Ihrer Kraft und Festigkeit!" Hebbel fällt an Grillparzer vor allem auf, daß „er tief leidet." Drastisch äußert sich Karl Gutzkow nach einer Begegnung mit ihm; in deren Verlauf wurde ihm „unheimlich bei diesem Manne; denn noch nie hab ich Ratlosigkeit, Unmännlichkeit, gebrochenen Willen in diesem Grade gefunden. Er sollte in ein Kloster gehen. Er sagt, daß er von allen Seiten verfolgt werde, und ist doch seinem Herrn so treu! Warum faßt der Mann keinen Entschluß? Warum wagt er nicht, drei Zeilen im Ausland drucken zu lassen?"

Der Dramatiker, ohnehin im ständigen Widerstreit zwischen beamteten Brotberuf und dichterischer Berufung schwankend, mochte vor allem in der Ersthälfte seines Lebens die Poeterei als eine Art seelischer Therapie empfunden haben; infolge andauernden Formulierungszwanges während der Niederschrift vertreibt er vorübergehend die in seiner Brust wühlenden Gefühlsgegensätze. Auch insofern erwies sich bei ihm sein „ganzes Leben lang die Kunst als das Höchste"; für ihn „gab es nie eine andere Wahrheit als die Dichtkunst". Jenen therapeutischen Effekt hat Grillparzer auch einmal in seinem Tagebuch 1827 festgehalten: „Vom Augenblick an, als mich ein Stoff begeisterte, kam Ordnung in meine Teilvorstellungen. Ich wußte alles, ich erkannte alles, ich erinnerte mich an alles. Ich fühlte, ich liebte, ich war ein Mensch. War dieser Zustand vorüber, trat wieder das alte Chaos ein."

Vor allem dann, wenn er feststellen mußte, daß seine aus Begeisterung geborene Idealkonzeption eines Dramas und deren ernüchternde Realisierung danach weit auseinanderklafften. Das traf ihn am härtesten. Und schlug sich im weiteren Verlauf in einem gegen sich selbst fast brutalen Lamento nieder: „Ich bin eine elegische Natur. Von dem Augenblicke an, als es kein Vergnügen mir mehr machte, vor dem Publikum zu klagen, machte es mir auch keine Freude, für dasselbe zu dichten. Von diesem Elegiehaften zeigt sich aber nichts in meinem Äußeren, meinem Betragen. Dieses ist schroff, kalt, zurückstoßend, spottend, verhöhnend." Bereits ein Jahrzehnt vor dem großen Flop von 1838 ist dann Grillparzer endlich so weit: „Mir liegt im Grunde an der Produktion nichts mehr. Ich habe nur das Bedürfnis, mich an Ideen zu berauschen. Auf welche Weise dies geschieht, und was dabei herauskommt, ist mir gleichgültig."

Vielleicht wurde er damals von der endgültigen Erkenntnis heimgesucht, daß es ihm im Gegensatz zu seinen so großartig präsentierten Frauengestalten niemals gelang, einen von Energie geprägten Mann, einen seine Umwelt begeisternden Helden, einen richtigen Kerl auf die Bühne zu bringen, sondern nur fies und feig jonglierende, fast schon selbst wieder abstoßend-feminin wirkende Scheinkavaliere wie Zawisch von Rosenberg, Otto von Meran oder Alfonso von Kastilien.

Seine letzten drei Dramen hielt der Alternde im Schreibtisch zurück, angeblich, „weil ihnen jenes Lebensprinzip fehlt, das nur die Anschauung gibt, und der Gedanke nicht ersetzen kann." Auch von daher jene ellenlangen und oft zugleich nichtssagenden Monologe im Spätwerk. In seinem Testament vom 7.10.1848 verfügte der Dichter: „Von den ungedruckten Schriften will ich jedoch, daß die beiden dem Scheine nach vollendeten Trauerspiele „Kaiser Rudolf II." und „Libussa" nicht gedruckt, sondern ohne Durchsicht vernichtet werden."

Warum – weiterer Widerspruch! – hat er dann seine Manuskripte nicht gleich oder wenigstens noch zu Lebzeiten durch die Ofentür geschoben? Noch im kräftigen Mannesalter war Österreichs berühmtester Dichter auf die tiefste Stufe der Resignation herabgeglitten. In seiner Rede am Grabe Beethovens heißt es: „Er blieb einsam, weil er kein zweites Ich fand." Nicht nur deshalb blieb auch Grillparzer einsam. Es war auch mehr als das bloße „Mißtrauen in mich selbst".

Langsam wurde er nun wohl doch zum psychopathischen Fall. Er, der er sich von der Poesie verlassen sah, sich fühlte, „wie ein vormals wohlhabender Mann, der sein Vermögen im Börsenspiel verloren", er, der selbst bei Berücksichtigung seiner Hämorrhoiden, seines Hautleidens und Zahnausfalles vorzeitig das Handtuch warf „Ich bin 42 Jahre alt und fühle mich als Greis", der um keinen Preis als Vorbild für Dichternachwuchs fungieren wollte, den schon der Klang des eigenen Familiennamens abstieß, er proklamierte sich plötzlich zum Größten im Reiche der Dichtkunst nach Goethe und Schiller. Dann hing er doch sehr bald wieder völlig durch: „Ich komm aus anderen Zeiten Und hoffe, in andere zu gehn." Und angesichts der auf ihn herabregnenden Ehrungen im fortgeschrittenen Alter: „Wenn man keine Familie hat, weiß man nicht, warum man jetzt noch leben soll." Vor der Endstation: ein grantig wirkender Sonderling, ein verkauzter Eigenbrötler, ein schrulliger Hagestolz. Mit entsprechendem Selbstisolierungsbedürfnis.

So wird vom Biographischen, vom Bekennenden, vom verhaltenen Aufschrei her doch so Manches transparent, was in den dramatischen Schöpfungen Grillparzers aufstößt, verwundert und verärgert. Sollen dieselben noch einmal kurz Revue passieren!

Über Grillparzer wird man insgesamt nicht das Verdikt äußern dürfen wie im Bereich der schöpferischen Musik über Robert Schumann: er habe als Genie begonnen und als Talent geendet. Doch es läßt sich nicht verkennen, daß als weitaus gelungenster Verbund sich die klassizistischen Dramen gleich zu Beginn darstellen. Das gilt für die – gelegentliche Fehlleistungen abgerechnet – überzeugende Jambensprache wie auch für spannungsgeladene Dialogführung und erst recht für Charakterzeichnung. Jede der drei Heldinnen, Sappho, Medea, Hero macht obendrein eine glaubwürdig vermittelte Entwicklung durch. Sogar die junge Melitta. Und nie wieder hat Grillparzer den Ausbruch echter Leidenschaft so zwingend aufzuzeigen vermocht wie in dem jungen Leander. Demgegenüber ebenfalls trefflich der feige Jason in seinem verwerflichen Opportunismus. Allerdings muß das dreigeteilte „Goldene Vlies" schrumpfen zu einem Einabenddrama „Medea", was sich jedoch – wie bereits ausgeführt – dramaturgisch ohne weiteres bewältigen läßt. Diese grandiose Triade Sappho, Medea, Hero/Leander wird für alle Zeiten zeugen für das bühnenwirksame Genie des jungen Dichters.

Demgegenüber ein schmerzlicher Abfall in allen vier Vaterländischen Dramen. Zwar dokumentiert Grillparzer auch hier sein glänzendes psychologisches Einfühlungsvermögen. Diesmal in – untereinander unterschiedlich – erotisch aufgeladenen, miesen Männertypen wie Zawisch von Rosenberg, Otto von Meran, Don Cäsar, später Alfonso von Kastilien. Auch weibliche Figuren wie Kunigunde und Erny sind treffend erfaßt. Doch mehr und mehr degeneriert der Bühnendichter zum Kathederhelden, der seine im Laufe der Jahre angesammelten Erkenntnisse und Erfahrungen mit Philosophenwürde eher einem gelehrten Hochschulauditorium als einem Theaterpublikum vermitteln will. Vor allem inmitten von Staatsaktionen ist der starr beibehaltene Blankvers fehl am Platze und hätte – vielleicht mit Ausnahme einiger märchenhaften Partieen in der Libussa – unbedingt der Prosaform weichen müssen. Je gedehnter die meist substanzlosen Monologe geraten, um so drückendere Langeweile breitet sich aus. Dramatischer Funktionsausfall vor allem bei den Protagonisten: Rudolf I. avanciert zum Sprachrohr für die Bedeutung von staatlichem law and order, Libussa schwärmt für eine utopische Gesellschaftsorganisierung, Rudolf II. proklamiert Ruhe, Stillstand, jede Veränderung abwürgendes Beharren auf allen Ebenen, und der vertrottelte „Treue Diener" Bancbanus verärgert die Theatergäste zusätzlich durch seinen so skurrilen wie absurden Treuebegriff. Wie schon zuvor bei Heros Oberpriester und danach in der „Jüdin von Toledo" scheint der alternde Grillparzer auch im „Treuen Diener" kein Strafrecht zu kennen, weder Strafverfolgung noch Strafvollstreckung. Todesstrafwürdige Schuld steht im Raum; doch Sühne bleibt aus. Die Empörung darob bei den Theaterbesuchern wächst. Angesichts solcher Sujets – das gilt für alle vier Habsburger Dramen – hätte Grillparzer weit besser daran getan, eine epische Form für seine „Helden" zu wählen.

Unter den fünf sonstigen Dramen ist die Schicksalstragödie „Ahnfrau" heutzutage nicht mehr spielbar. Hingegen dürfte das Zaubermärchen „Der Traum ein Leben" immer noch von den Brettern herab viele Zuschauer entzücken. Und des Dichters einziges Lustspiel „Weh dem, der lügt!" mit der Glanzrolle des Küchenjungen Leon belebt unverändert die Spielpläne und gilt unangefochten als eine der wenigen deutschen Komödien von Dauerwert und Dauerwirkung.

Auch noch ganz zuletzt in der ansonsten mißlungenen „Jüdin von Toledo" und im „Esther"-Fragment stellt der Dichter seine Charakterisierungskunst, seinen singulären psychologischen Zugang zu fraulichen Seelenverfassungen unter

Beweis: wie er die weibliche Raffinesse hier bei der Rahel, dort bei der Esther freilegt! Mit der diese ihre königlichen Partner in ihre Netze locken! Helden allerdings, wirklich kraftvolle oder gar elanhafte Begeisterung weckende Mannsbilder fehlen auch hier.

Nach alledem darf die Behauptung gewagt werden: Grillparzer war/ist auf jeden Fall ein großer Dichter. Darf er aber auch als spezifisch großer Dramatiker gelten, wenn sich nur fünf seiner Schöpfungen (Sappho, Medea, Des Meeres und der Liebe Wellen, Der Traum ein Leben, Weh dem, der lügt!) dem Dauerwertigen, dem sogenannten Unsterblichen zuweisen lassen?

Das hängt dann sicherlich davon ab, wie hoch man die Meßlatte anlegt. In die Riege der obersten Kategorie – Shakespeare, Calderon, Moliere, Goethe, Schiller, Kleist, vielleicht auch noch Hebbel und Ibsen – wird man ihn wohl nicht einreihen dürfen. Daß er dennoch die dramatische Literatur spürbar und auch beglückend bereichert bat, steht hingegen allemal außer Frage.

www.ingramcontent.com/pod-product-compliance
Lightning Source LLC
Chambersburg PA
CBHW020126010526
44115CB00008B/1001